Margareta Gyurcsik

Dumitru Tsepeneag. Un pont entre la Seine et le Danube

Margareta Gyurcsik

Dumitru Tsepeneag. Un pont entre la Seine et le Danube

Éditions Muse

Imprint

Cover image: www.ingimage.com

Publisher:
Éditions Muse
is a trademark of
Dodo Books Indian Ocean Ltd. and OmniScriptum S.R.L Publishing group
Str. Armeneasca 28/1, office 1, Chisinau-2012, Republic of Moldova, Europe
Printed at: see last page
ISBN: 978-620-4-96014-2

Margareta Gyurcsik

DUMITRU TSEPENEAG

Un pont entre la Seine et le Danube

Table des matières

Avant-propos

Dumitru Tsepeneag est sans conteste une des personnalités les plus marquantes de la culture roumaine contemporaine. Obligé par le régime totalitaire de s'exiler en France où il vit depuis 1975, il revient souvent en Roumanie après la chute de la dictature, pour participer à la vie culturelle du pays. Nous avons eu l'honneur et la joie de l'accueillir à l'Université de Timisoara lors d'un colloque qui lui a été consacré. A cette occasion Nicolae Bârna, un des meilleurs exégètes de son oeuvre, a dressé un portrait que nous aimons citer car il rend très bien la complexité et l'originalité de la personnalité et de l'activité de Tsepeneag en tant qu'écrivain et «passeur » entre la culture roumaine et la culture française : « Etrange – ou, en tout cas, très peu commune – condition, que celle de Dumitru Tsepeneag. Son identité est essentiellement multiple, essentiellement plurielle. Ecrivain roumain, écrivain français, écrivain bilingue (non pas à tour de rôle, mais dans le cadre d'un même texte), écrivain européen, écrivain traduit (traduit du roumain en français et vice versa, et traduit aussi du roumain en des langues telles que l'allemand, le hongrois, le slovène, l'anglais ou le russe...), mais aussi traducteur de ses propres écrits et traducteur des écrits d'autres auteurs, théoricien de la littérature en même temps que praticien de celle-ci, essayiste et journaliste intransigeant, parfois belliqueux, « passeur » interculturel accompli en tant qu'animateur et dirigeant de revues destinées à faire mieux circuler les valeurs littéraires entre des zones – ou aires – culturelles présentant à la fois d'évidentes affinités et un malheureux déficit d'intercommunication : cette énumération pléthorique de postures ou « emplois » ne fait que cerner, sans proprement dit épuiser, l'identité complexe et dynamique de cet auteur. »[1]

Ce sont quelques aspects emblématiques et toujours actuels de l'oeuvre littéraire tellement complexe et originale de cet « écrivain roumain, écrivain français, écrivain bilingue » qui font l'objet de notre analyse dans ce qui suit. Sans prétendre « épuiser » une problématique si vaste, notre démarche vise à mettre en évidence l'importance et la spécificité d'une oeuvre de fiction qui, sans être asservie à quelque idéologie, n'en implique pas moins la réflexion et l'interrogation sur des questions qui n'ont rien perdu de leur acuité et continuent à être posées de nos jours encore. Elles concernent entre autres

---

[1] Nicolae Bârna, *Dumitru Tsepeneag : Aller et venir à travers plusieurs goulots de sablier. Identité multiple, identité alternée, identité intégratrice,* in *Dumitru Tsepeneag. Les Métamorphoses d'un créateur :écrivain, théoricien, traducteur.* Etudes réunies par Georgiana Lungu Badea et Margareta Gyurcsik, Timisoara, Editura Universitatii de Vest,, 2006, p. 9.

l'exil, la migration, les relations interculturelles, l'identité européenne en proie au mouvement incessant des hommes et des idées, le statut de l'écrivain et l'avenir de la littérature à l'ère informatique.

C'est pourquoi nous avons entrepris de commenter les romans de Tsepeneag en suivrant l'auteur dans le voyage à travers son Europe réelle et imaginaire, en quête d'identité. Chemin faisant, nous avons suivi également sa réflexion, à la fois sérieuse et ironique, sur sa propre identité en tant qu'écrivain « oublié sur un pont » entre deux pays, deux langues et deux cultures.

I. Une contribution roumaine au Nouveau Roman

Le nom de l'écrivain Dumitru Tsepeneag est lié dans un premier temps au renouveau des lettres roumaines dû au « groupe onirique » de Bucarest, qui commence à se manifester vers 1966 en tant que forme d'opposition au pouvoir politique et à la culture officielle réaliste-socialiste. Il faut préciser que l'onirisme roumain des années 1960 n'a pas eu de connotations métaphysiques ou surréalistes. Il s'agissait non pas d'explorer le rêve et l'inconscient en vue de créer un univers poétique irréel, mais d'utiliser le rêve avec lucidité afin d'atteindre l'essence même du réel. Cela revenait à prouver qu'on pouvait créer une littérature du réel autrement que par la voie unique et imposée du réalisme socialiste. Une telle démarche n'était pas sans rappeler Robbe-Grillet et sa théorie du Nouveau Roman. Dumitru Tsepeneag définissait l'onirisme roumain en le rapportant précisément au structuralisme et au textualisme : « Nous ne rêvons pas, nous créons des rêves. Le texte littéraire est pour nous un discours qui naît en se soumettant à des opérations analogues à celles du rêve. Notre onirisme est textualiste et structuraliste. Ce n'est pas l'anecdote qui compte, mais le mécanisme narratif ou poétique. » [1]

En 1967 Tsepeneag publie la traduction roumaine des *Gommes* d'Alain Robbe-Grillet. Le romancier français visite à cette occasion la Roumanie et dit son étonnement d'y trouver un mouvement littéraire qui manifeste ouvertement sa rébellion, en refusant toute concession au pouvoir. C'est à cette époque qu'on traduit intensément les nouveaux romanciers français. Tsepeneag publie lui-même de nombreux articles sur Robbe-Grillet dont il est l'admirateur et le défenseur fidèle. Quant aux trois recueils de nouvelles qu'il publie durant sa période onirique, notamment *Exerciţii (Exercices)* – 1966 ; *Frig (Froid)* – 1967 ; *Aşteptare (Attente)* – 1972), ils renferment des textes qui représentent pour la plupart des expériences textualistes et structuralistes, à la manière du Nouveau Roman français. Par cette « révolution » onirique et textualiste dont Tsepeneag est l'âme et le cerveau, la littérature roumaine entre dans ce qu'on avait nommé «l'aristocratie culturelle du XXe siècle ». Elle marque en même temps la rupture entre l'écrivain et le pouvoir politique. Dans le cas de Tsepeneag, la rupture va s'aggraver à partir de 1970. durant ses séjours à Paris. Il y rejoint l'opposition roumaine de l'exil et envisage de publier des livres qui ne pouvaient pas paraître en Roumanie. Cette décision sera lourde de conséquences : il est déchu de sa nationalité roumaine en 1975 et on lui interdit de rentrer dans son pays. Il va vivre dorénavant en France et va continuer d'écrire en roumain une bonne dizaine d'années. Deux romans rédigés en roumain seront traduits en français par Alain Paruit et publiés chez Flammarion sous le titre *Arpièges* (1973) *et Les Noces nécessaires* (1977). En 1984 il publie aux éditions P.O.L un texte d'une grande originalité, notamment *Le mot sablier,* voire un roman rédigé en roumain et en français (les fragments rédigés en roumain sont traduits en français par Alain Paruit). Une année plus tard, il publie chez P.O.L son premier texte écrit en français, intitulé *Roman de gare,* pour qu'en 1989 il publie, toujours chez P.O.L. un deuxième roman écrit en français, *Pigeon vole.*

Les romans de Tsepeneag publiés en France dans les années 1970-1980 témoignent d'une ingéniosité formelle remarquable. Il s'agit apparemment d'une littérature « artificielle et formaliste » à la manière du Nouveau Roman français. L'auteur déclare d'ailleurs écrire pour des raisons strictement esrhétiques, en refusant, tout comme Robbe-Grillet, l'idéologie, la sociologie et la psychologie. Il profite de l'infinie possibilité de construction que seule la prose peut offrir. A l'instar de Robbe-Grillet, il se forge une technique moderne fondée sur l'art remarquable de la construction et sur l'attention particulière accordée à la forme, à la structure. Aussi sa prose se caractérise-t-elle par la singularité de la mise en page et du découpage du texte, par la finesse de la construction avec ses parrallélismes, ses répétitions et ses intersections, par la force obsessionnelle du style. En effet, la prose représente pour Tsepeneag une sorte de « jeu miraculeux » qui consiste à expérimenter des formes et des structures nouvelles censées configurer un espace à la fois réel et iréel, En ce sens, *Arpièges* ressemble le plus aux romans de Robbe-Grillet. Le narrateur raconte, d'une manière toujours autre, la même scène : le héros se rend à la gare en bus pour attendre ou peut-être pour conduire une femme. La construction spatiale produit un lieu labyrinthique – renvoyant à la ville-labyrinthe de Robbe-Grillet – où s'entrecroisent les itinéraires et les errances du personnage romanesque.

Pourtant Tsepeneag n'est pas un prosélyte et un imitateur de Robbe-Grillet. Ce qui fait l'originalité de son « Nouveau Roman » c'est essentiellement son enjeu transtextuel. Tandis que le roman de Robbe-Grillet se limite à enregistrer les données immédiates du réel selon la théorie que le monde existe, un point, c'est tout, en privant ainsi le texte de toute dimension symbolique, le roman de Tsepeneag, tout en enregistrant les objets et les formes du réel, les charge d'une valeur symbolique qui oblige le lecteur à un effort d'interprétation. Malgré le refus programmatique de l'idéologie, l'enjeu essentiel du « Nouveau Roman » de Tsepeneag est, à notre avis, la contestation sur le plan de l'idéologie. Ainsi l'errance du héros d'*Arpièges* dans un espace circulaire, sans issue, « textualise » le réel par un jeu subtil de substitutions et de combinaisons. Mais cette « machine à obtenir des rapprochements imprévus »[2] ne renvoie pas moins à l'une des grandes obsessions de l'auteur : l'échec de l'individu dans un régime totalitaire. Toute tentative de s'échapper, toute fuite est vaine. Le titre roumain du roman – très explicite d'ailleurs – était *Zadarnica e arta fugii (V*anité de l'art de la fugue).

Il y a en l'occurence deux enjeux transtextuels qui nous semblent bien importants : le mythe et le langage, que l'on retrouve dans deux romans tout à fait remarquables qui allient le réalisme et l'onirisme, le grotesque et le lyrisme, à savoir *Les Noces nécessaires* et *Le mot sablier.* Dans *Les Noces nécessaires,* Tsepeneag réalise une reécriture, voire une nouvelle sémantisation de la ballade populaire roumaine de l'Agnelle[3] – un des grands mythes cosmogoniques roumains fondé sur le rapport fataliste au monde qui engendre chez l'homme mythique l'orgueil de la souffrance et la volonté de se maintenir en dehors de l'histoire, « dans un absolu de sagesse et de résignation ». Le roman met à nu le cauchemar engendré par la soumission inconditionnée de l'homme moderne au mythe. La sacralité du mythe est transférée au coeur même du profane, dans le quotidien le plus brutal. C'est le récit de la longue insomnie – peuplée de cauchemars – du professeur Ciobanu (son nom signifie « le berger ») obligé de vivre dans un monde absurde, vulgaire, grotesque où l'on retrouve, transfigurés, les grands motifs du mythe : l'agression, la violence, la mort envisagée comme des noces ou bien les noces avec la mort. Dégradé en réel, le mythe descend dans la zone du carnavalesque et acquiert des connotations culturelles nouvelles. Par son effort pathétique de sauvegarder les valeurs du mythe, le personnage du professeur Ciobanu – le « pâtre » - est condamné à vivre à perpétuité dans un état-limite du réel, notamment l'insomnie, rempli de cauchemars. Et il est surtout condamné à une interminable attente, à la torture par l'attente. Il attend quelque chose qu'il ne peut pas définir et qui tarde à venir. Le livre avance à coups de répétitions, de reprises, de leitmotivs qui se reproduisent jusqu'au paroxysme, en accumulant une tension insupportable qui mène à l'explosion finale, sans que l'attente soit comblée pour autant. C'est à ce moment que le processus herméneutique doit intervenir pour essayer d'interpréter les significations de cette nouvelle sémantisation du mythe.

Après ce roman écrit en roumain et traduit en français, Tsepeneag publie *Le mot sablier* – son premier roman en tant qu'auteur bilingue. Il y raconte l'aventure du passage de sa langue maternelle à sa nouvelle langue d'écriture, en l'occurence le français, tout en gardant les éléments les plus importants de ses débuts textualistes : flux libre des mots, associations et enchaînements spontanés. Il en résulte un livre brillant, plein de verve, employant une langue qui porte l'empreinte de l'oralité et de l'argot. Le livre représente en même temps la contribution la plus originale de Tsepeneag au Nouveau Roman dont il emprunte la technique de la reprise avec variations de quelques thèmes-scènes : une femme qui fait la vaisselle et attend que son fils rentre du service militaire, un soldat qui court le long d'une plage, des fouilles mystérieuses dans une petite ville, les discussions des clients dans une épicerie qui sert en même temps de bistrot.

Cependant la véritable histoire est celle de l'écriture même du livre. Tsepeneag y décrit en fait sa démarche scripturale et linguistique en tant que prise en possession progressive de sa nouvelle langue. Ce processus est symbolisé par « la figure » du sablier : le sable, c'est- à-dire les mots, s'écoule grain par grain du vase supérieur – la langue maternelle – dans le vase inférieur – la langue autre, notamment le français. L'attention particulière accordée par maints auteurs francophones à la relation de l'écrivain à la langue est due, selon Lise Gauvin, à la « surconscience linguistique » qui les pousse à réfléchir sur « la manière dont s'articulent les rapports langues/littératures dans des contextes différents. »[4] Et on pourrait ajouter que c'est toujours la «surconscience linguistique» qui engendre l'interrogation sur la meilleure démarche à adopter afin de s'approprier une nouvelle langue d'écriture. C'est une telle réflexion/interrogation que Tsepeneag intègre dans la fiction du *Mot sablier*. Tout au long du roman, il s'interroge sur le passage d'une langue à l'autre et sur les stratégies langagières qu'il lui faut adopter, en témoignant d'une (sur) conscience autoréflexive pénétrante et toujours en éveil.

L'appartenance à deux cultures et l'expérience de l'écriture dans une autre langue sont vécues par Dumitru Tsepeneag d'une manière qui diffère essentiellement de celle d'autres auteurs roumains d'expression française qui ont fait, eux, de leur « exil linguistique » l'objet d'une réflexion placée sous le signe de la rupture, de la disjonction et des différences hypertrophiées. On ne cesse pas de le répéter : pour l'écrivain, le véritable exil, c'est l'exil linguistique. Pour un Emil Cioran, par exemple, il y a d'un côté le français, « cet idiome d'emprunt, avec tous ses mots pensés et repensés, affinés, subtils jusqu'à l'inexistence, inepressifs pour avoir tout exprimé, effrayants de précision, chargés de fatigue et de pudeur, discrets jusqu'à la vulgarité », langue dont « l'élégance exténuée » lui donnait le vertige. De l'autre côté il y a le roumain, avec son « superbe débraillement », son « mélange de soleil et de bouse », sa « vitalité », langue « extrêmement élastique, dont on peut faire tout ce qu'on veut » et que Cioran avait toujours regretté d'avoir abandonnée, car il n'a jamais cessé d'avoir ce qu'il appelait « le complexe du métèque »[5]. Choqué par ce qu'il nommait « l'obsession française du style », il a gardé toujours un sentiment d'étrangeté et d'extériorité par rapport à sa langue d'emprunt.

Un autre grand écrivain roumain exilé, Ion Caraion, mort à Lausanne en 1996, fait partie de la même famille des voyageurs solitaires entre deux langues et deux cultures, vivant dans ce qu'il appelle « l'errance et la désespérance ». Pour Caraion, comme pour Cioran, le XX-e siècle a été un siècle de la violence, de la négation, du refus, du chaos. Et tous les deux se sont trouvés face au même choix : continuer à écrire en roumain (mais pour qui ?) ou écrire en français et assumer toutes les conséquences qui en découlent. Et tous les deux ont choisi d'écrire en français, en empruntant, pour citer Ion Caraion, « son actif et son passif, ses convulsions et ses caprices, ses abîmes et ses verdicts »[6]. Dans un texte qui date du début des années 1980, *Les Mots en exil*, Caraion insiste sur l'idée de l'exil linguistique vécu par l'écrivain dépaysé comme une rupture irréparable entre le paradis de l'identité et l'enfer de l'altérité. Il le fait dans un texte prégnant par sa beauté poétique que nous aimons citer :

« La langue est le palais des souvenirs (et tout souvenir est un labyrinthe) aux innombrables clés, crochets, mystères, codes, couleurs, formes de sommeil et formes de veille, cachettes, ponts et méandres, fenêtres, caves, portes secrètes, chants et sortilèges, blasphèmes, pudeurs, mépris, maléfices, fantômes, tentations, hésitations, surprises, désolations. Les navires d'une langue portent des mythologies, des hérédités, des poids magiques, pertes et victoires, élan, hésitation... Lorsque tu as passé la frontière de la langue ou qu'on t'impose de quitter son aire, il se produit une rupture irréparable. Et c'est alors que commencent l'éloignement, la solitude, le déséquilibre, l'incertitude.»[7]

En passant la frontière de l'univers inépuisable de la langue maternelle défini par le biais de cette énumération d'une ampleur quasi rablésienne, l'écrivain obligé d'écrire dans une autre langue pénètre dans un univers différent, autre, dont le paradigme inclut deux éléments essentiels censés définir la culture moderne, notamment l'opposition et la rupture. C'est que la modernité pense la problématique identitaire conformément à une logique fondée sur des séparations ou des oppositions tranchantes entre le Soi et l'Autre, l'un et le multiple. Si l'on admet, avec Jean-Jacques Wunemburger, que les disjonctions, les ruptures, les négations qui fondent le modèle culturel de la modernité ont hypertrophié la différence[8], l'écrivain en exil serait comparable à un voyageur solitaire obligé d'affronter l'altérité, partagé entre deux langues et deux cultures dont il mesure surtout les différences. Aussi le français garde-t-il aux yeux de Cioran ou de Caraion le prestige d'une grande langue de culture, voire d'un « objet d'art à admirer, à savourer, à chérir »,[9] mais qui reste, somme toutes, étrangère. Du coup, écrire en français signifie vivre une relation tendue, souvent dramatique, à une langue qu'on fait sienne, mais qui se donne comme étant toujours à reconquérir. Nous citons encore une fois Ion Caraion et sa réflexion sur la condition dramatique d'écrivain en exil, la sienne et celle des écrivains ayant vécu l'exil comme une rupture irréparable entre le paradis de l'identité et l'enfer de l'altérité : « L'exil est une respiration coupée, châtiée, annulée, restée pour toujours dans les griffes de la malédiction et qui jamais plus ne pourra pleinement disposer de ses poumons. Les mots gèlent, se contracrent, se renferment sur eux-mêmes après s'être mortellement heurtés aux lois d'une nouvelle architecture, à d'autres traditions et coutumes. Car l'exil n'est finalement rien d'autre qu'une prison sophstiquée, donc un endroit, un carrefour où les conditions d'existence du langage sont impropres et drôles, tel le passage pour un organisme vivant du milieu aquatique au milieu terrestre .»[10] Pire encore, écrire en français peut devenir synonyme de souffrance physique poussée à l'extrême. En témoigne le cas de Panait Istrati qui, dans les années 1920, s'était mis à écrire en français, encouragé par son ami Romain Rolland. Il était parvenu à une maîtrise parfaite de la langue française et ses récits qui présentaient un univers spécifiquement balkanique avaient attiré l'attention des lecteurs français par l'originalité et la beauté de son écriture percutante et bien articulée. Cela n'empêche qu'il ait ressenti son expérience scripturale française comme une démarche extrêmement difficile, dangeureuse et douloureuse: « J'avance comme une taupe obligée de monter un escalier brûlant. Je souffre dans tous mes pores », déclarait-il en mai 1924[11]

On ne peut pas ne pas rappeler, dans le cadre d'une discussion sur le bilinguisme et le biculturalisme des écrivains roumains, le cas particulier d'Eugène Ionesco, qu'Emmanuel Jacquart définit comme suit : « Ionesco est le produit de deux cultures. C'est à la fois un privilège et une calamité. De père roumain et de mère française, il a été exposé à deux façons de penser, de voir, de percevoir, de sentir, de juger, deux systèmes de signes qui s'entrechoquent, deux codes rarement réductibles l'un à l'autre ; bref, ce sont deux façons d'être. »[12] S'il fallait caractériser la personnalité et l'oeuvre de Ionesco, la catégorie qui conviendrait le mieux serait celle de différence: perception particulière du monde, excentricité du comportement, valorisation esthétique du non-sens et de la contradiction dans un pays réputé rationaliste – autant d'éléments qui consacrent l'originalité de Ionesco à l'intérieur de la culture française dont il découvre progressivement les secrets. Son bilinguisme est censé avoir engendré le sentiment de malaise et d'aliénation qui s'est exprimé par le biais du thème obsédant de la crise du langage. Et c'est toujours le bilinguisme qui lui a fait acquérir la conscience des « embûches qui foisonnent dans le langage »[13] et l'a rendu extrêmement sensible à la problématique de la communication. A une époque où Sartre et Camus méditaient sur l'absurde du monde sans mettre nullement en question la cohérence du langage, le Ionesco de la *Cantatrice chauve* s'acharnait à pulvériser la communication et à faire éclater l'irrationalité de la parole humaine.

Or, c'est précisément par rapport à une telle représentation dramatique de la relation tendue de l'écrivain à la langue qu'on peut mesurer la nouveauté de la démarche scripturale de Tsepeneag. L'interrogation sur la manière dont s'articulent les rapports langues/littératures dans des contextes différents et sur les stratégies qu'il faut adopter pour s'approprier la langue française n'est plus fondée, dans le cas de Tsepeneag, sur la conscience dramatique sinon tragique d'une séparation nette entre les langues et les cultures en discussion. Ecrire dans une nouvelle langue ne signifie plus souffrir, mais l'explorer en toute liberté et surtout, adopter une attitude ludique à son égard. Tsepeneag s'inscrit ainsi dans la tendance de plus en plus marquée des écrivains contemporains à détensionner et à dédramatiser leur relation à la langue. Ce phénomène est surtout visible chez les écrivains dont la démarche scripturale ne consiste plus à *faire vivre par la langue*, mais à *faire vivre la langue.* La nouvelle relation à la langue, propre selon certains théoriciens à la culture postmoderne[14], est une relation ludique et décontractée, débarrassée de l'obsession du référent et fondée sur le développement généralisé du code ironique et auto-ironique. Si on admet, avec Richard Rorty, que la postmodernité se définit par « la fin de la métaphysique » et « l'avènement d'une philosophie pragmatique » fondée sur « les jeux du langage »[15], force est d'admettre que la littérature postmoderne installe l'écrivain à l'intérieur de la langue, là où il peut échapper à l'obsession du référent (de la réalité extérieure) afin d'interroger et de transformer la langue d'écriture même.

C'est d'une telle pratique scripturale que se réclame Dumitru Tsepeneag qui s'est condamné à une « longue attente dans l'antichambre de la langue française »[16] parce qu'il voulait entrer dans sa nouvelle langue après s'être purifié, délivré des fantasmes appartenant à sa culture d'origine. Il voulait, en d'autres mots, entrer dans la langue française après s'être débarrassée de toute charge métaphysique, afin de pouvoir explorer dans la joie les ressources de sa nouvelle langue d'écriture.

En effet, dans *Le mot sablier* il explore d'une manière décomplexée les ressources de la langue française. Ce roman bilingue commence en roumain pour qu'à partir d'un certain moment le français commence à s'insinuer dans le texte et l'emporter finalement sur le roumain. En racontant l'histoire de l'écriture même du livre. Tsepeneag y décrit en fait sa démarche scripturale et linguistique en tant que prise en possession progressive de sa nouvelle langue. Ce faisant, il transforme son « exil » dans la langue française en une fête linguistique, par le biais d'une écriture qui allie la normalité et l'écart, le sérieux et le ludique, le discours autoréférentiel et le discours ironique.

Quant au lecteur français, il va lire la traduction française faite à son intention. Le traducteur, Alain Paruit, est d'ailleurs présent en tant que personnage du roman. L'auteur explique immédiatement à son lecteur français pourquoi il l'a privé du plaisir de lire dès le début le texte authentique. S'il a choisi de commencer son roman en roumain, c'est parce que le texte fait remonter des images-fantasmes enfouies dans sa mémoire et appartennant à un horizon culturel et linguistique autre que le français. Or, il veut entrer dans la langue française purifié, délivré de ses anciens fantasmes. C'est qu'après de longues années d'attente dans « l'antichambre de la langue française », il hésite encore d'entrer dans la chambre. Mais, petit à petit, il risque de lancer un mot français par ci, un mot français par là, puis toute une phrase, puis une autre. Plus le texte avance, moins il y a à traduire. Surpris et ému, l'écrivain se sent renaître dans une langue nouvelle : «innocent », pur, frais. C'est comme un retour à l'aube de la conscience, à l'état spirituel primordial. A cheval sur les deux langues, Tsepeneag fait passer son roumain dans un français de plus en plus performant, pour que dans les derniers chapitres du roman le roumain soit mis hors du jeu : renonçant à l'aide du traducteur, l'auteur se met à écrire directement en français. Les phrases françaises, au début assez simples et centrées sur le référent, se font de plus en plus intéressantes en elles mêmes, grâce au flux libre des mots, aux associations et aux enchaînements spontanés, aux jeux du langage.

Il est intéressant de mentionner que le français est surtout la langue du métatexte. C'est en français que l'auteur évalue les résultats de sa démarche linguistique et scripturale, examine l'ordonnance du texte et son fonctionnement dans la nouvelle langue. Par le biais du métadiscours, le français – qui est devenu maître de la situation – se laisse examiner de l'intérieur et dévoile sa structure spécifique, ses règles et ses exigences, mises en question par un écrivain qui vit dans la joie et en toute liberté l'expérience du bilinguisme. L'ingéniosité de l'auteur consiste à inventer des formes de métadiscours d'une grande variété, parfaitement encastrées dans la narration. Voilà une telle forme de métadiscours qui rend compte d'une discussion des clients du bistrot censée mettre en évidence la spécificité de la démarche auctorielle :

« la littérature nouvelle basée sur un débit plus proche de la modulation orale
que de la déclamation doit se passer de la ponctuation
oui il n'y a pas de règles préétablies
alors que l'auteur respecte au moins ses propres règles
qu'il respecte les règles qu'il a prescrites lui-même
qu'il soit son propre arbitre
l'arbitre de tout cet arbitraire qu'il a introduit
qu'est-ce que vous pouvez répondre à cela
je réponds qu'à partir d'un certain moment l'auteur
ne peut pas être
un arbitre même s'il le souhaite
Ça veut dire quoi
ça veut dire qu'il a déclenché un mécanisme
auquel il doit se soumettre
sinon qu'il se démente c'est tout
alors il n'y a plus de place pour les fantasmes
mais n'oubliez pas qu'il veut se débarrasser
de toutes ces images, de

tous ces fantasmes
oui de tous ces fantasmes justement pour
Pouvoir écrire dans une autre
langue
et il le fait au fur et à mesure
tiens
plus son texte avance moins il y a à traduire. »[17]

L'absence de ponctuation, le flux verbal, les marques de l'oralité, la mise en page renvoyant aux expériences textualistes représentent autant de signes d'une écriture qui s'autodéfinit comme écart par rapport à la norme. Il faut pourtant préciser que la norme n'est pas uniquement celle imposée par l'écriture romanesque traditionnelle. Pour mesurer l'ampleur de l'écart réalisé par son propre roman, l'auteur situe paradoxalement du côté de la norme le Nouveau Roman français, celui même qui s'était affirmé en tant que refus de la tradition. Les « débats théoriques » surgis au cœur même de la narration, tels que les débats des clients du bistrot qui discutent et jugent en permanence le roman que l'auteur est en train d'écrire, mettent notamment en évidence l'opposition entre deux paradigmes : celui du roman traditionnel et du Nouveau Roman, à savoir cohérence –équilibre – ordre – stabilité, et celui du roman de Tsepeneag, à savoir incohérence – déséquilibre – désordre – oscillation. En énonçant cette opposition, le métatexte exprime la conscience de Tsepeneag d'écrire un roman différent aussi bien par rapport au roman traditionnel qu'au Nouveau Roman français qui lui avait servi de modèle. Il s'agit cependant d'une prise de conscience ironique car, en fait, l'oscillation et le désordre constituent les élements *sine qua non* d'une stratégie visant à instaurer une nouvelle forme de cohérence textuelle, non plus affirmative et autoritaire, mais interrogative et dialogique, comme on a pu le constater dans le cas du fragment cité plus haut.

Mais *Le mot sablier* ne raconte pas seulement l'expérience du passage de l'écrivain d'une langue à l'autre par l'acte d'écriture d'un roman. Tsepeneag y raconte aussi l'histoire de la traduction de ce roman. Aussi le métadiscours parle-t-il à la fois de l'écriture du texte et de son passage par le sablier du traducteur. Il s'agit essentiellement de l'histoire de la trahison que représente fatalement toute traduction. Le personnage traducteur – Alain Paruit, le traducteur réel des romans de Tsepeneag du roumain en français – cite l'opinion exprimée par Tsepeneag lui-même dans un article sur la traduction. Opinion autorisée, vu que Tsepeneag avait traduit en roumain des centaines de pages de littérature française : « Le livre n'est pas tout à fait le mien. Comme tous les livres que j'ai publiés en France. Ils sont aussi les livres de mon traducteur. C'est lui qui leur a offert un corps, chair et os. Ce que l'on appelle dans une certaine critique moderne, la matérialité du texte. Ce livre n'est pas du tout le mien. Je n'y retrouve pas mes mots, je n'y figure que sur la couverture : un simple nom. » (p. 79)

Et le traducteur d'enchaîner, en justifiant cette trahison : pourquoi ne pas supprimer quelques mots, quelques phrases ? Faire, autrement dit, « un travail de jardinier. Amical mais ferme. Arracher les mauvaises herbes, couper les branches sèches, élaguer un peu. ». Cela revient à écarter les « répétitions injustifiées », les « vulgarités » et les « jeux obscurs », réécrire certaines scènes équivoques. C'est rendre service à l'auteur, du fait que le traducteur – jardinier parvient à atténuer sinon à effacer les ambiguïtés du texte, voire à le *normaliser.* Aussi l'écriture du roman repose-t-elle sur la tension entre deux démarches contraires, l'une – celle du narrateur – favorisant l'écart par rapport à la norme, l'autre – celle du traducteur – favorisant une écriture conforme aux normes.

Le métadiscours ayant pour objet l'écriture du texte, sa traduction et sa spécificité témoigne du fait que pour l'écrivain roumain exilé dans la langue française le problème n'est pas d'écrire purement et simplement dans cette langue, mais de s'interroger continuellement sur les problèmes que pose le fait d'écrire en français, de même que sur la manière de l'illustrer le mieux possible et, fatalement, sur l'impossibilité d'accéder à une telle perfection. Dans cette perspective, écrire dans sa nouvelle langue signifie pour Tsepeneag continuer la quête et refuser toute fin équivalant à une certitude illusoire : « Je ne sais pas comment finir, ou mettre le point final. Après quelle phrase. Après quel mot. Je regarde et j'attends. Je ne sais pas exactement quoi. » (p. 91).

Le roman se termine sur cette attente, comme s'il allait être continué un jour. En attendant, les questions persistent, inquétantes et ironiques à la fois. L'auteur qui a sacrifié son lecteur roumain en faveur de la langue française est-il devenu vraiment un écrivain français ? Est-ce qu'il s'est complètement libéré de la langue roumaine ? De ses fantasmes ? Et, enfin, à quoi sert l'exil linguistique ? Le texte de Tsepeneag pose toutes ces questions à un lecteur capable et désireux de mettre en oevre sa compétence linguistique et culturelle afin de comprendre le mécanisme et la signification des performances linguistiques et culturelles de l'écrivain. En effet, l'effervescence linguistique et sémantique du roman exige un lecteur capable de prendre ces performances à son compte.

Dans un commentaire très intéressant portant sur l'« effervescence » linguistique et sémantique du roman *Le mot sablier* et sur la complexité des « opérations lecturales » que celui-ci exige, le critique québécois Richard Saint-Gelais met en évidence, par une analyse des réseaux paradigmatiques, les performances linguistiques de l'écrivain, décelables à condition qu'il y ait un lecteur capable de prendre ces performances à son compte. Voici un exemple d'analyse effectuée sur le fragment suivant du roman de Tsepeneag : « il pleut. les poules se sentent frileuses dans un coin de la basse-cour : quelques-unes se sont réfugiées dans le poulailler. le coq rentre aussi dans le poulailler : seule la chèvre reste dehors, contemple un trognon de chou et ne semble pas vouloir déménager». Le lecteur est censé retenir tout d'abord la description d'une scène qui se passe un jour de pluie, ensuite l'usage un peu particulier de la ponctuation, notamment l'absence des majuscules. Mais en établissant des relations entre certaines unités lexicales du texte, il peut faire surgir une formule qui n'apparaît pas dans le texte : « ménager la chèvre et le chou », familière aussi bien au lecteur français qu'au lecteur roumain (a împăca şi capra şi varza), par un processus d'élaboration alliant une rupture (dé-ménager) et un assemblage (chèvre-chou). Et le critique québécois de conclure que ce type de lecture exigé par le texte de Tsepeneag témoigne du fait que l'auteur ne s'amuse pas simplement à jouer avec la langue, mais qu'il s'agit bien d'une attitude ludique où l'intervention de la lecture apparaît décisive.[18]

C'est que la relation particulière de Tsepeneag à la langue française est fondée sur la liberté acquise par l'auteur à l'intérieur de sa nouvelle langue : liberté de la manier à sa guise, de jouer avec, en misant sur la force libératrice de l'ironie et sur la complicité du lecteur. Le « mot sablier » de Tsepeneag, c'est précisément le mot qui se transforme sans cesse en d'autres mots, d'une même langue ou d'une autre, sans plus faire souffrir pour autant l'écrivain qui mène le jeu, car il possède les stratégies nécessaires pour éviter le double piège qui consiste à hypertrophier ou à sous-estimer la différence.

Le mot sablier appartient structurellement au Nouveau Roman. Avec, en plus, un métatexte sur le (Nouveau) roman et sur le roman que le narrateur est en train d'écrire, sur la traduction (en géneral) et sur la traduction du roman qu'on est en train de lire. Quant au narrateur, engagé dans un processus de textualisation de la réalité extratextuelle et hanté par les problèmes de l'écriture, il n'en a pas moins, à l'égard de ce processus et de ces problèmes, une attitude aussi bien sérieuse que ludique. C'est en cela que réside, à notre avis, la contribution la plus importante de Tsepeneag au Nouveau Roman. Il fait sortir celui-ci de l'âge de la modernité caractérisée par une pensée oppositionnelle qui sépare nettement l'ancien et le nouveau, l'ordre et le désordre, le même et l'autre. Or le roman de Tsepeneag représente, comme toute oeuvre postmoderne, le reflet esthétique d'une pensée paradoxale. Son texte est en même temps cohérent et incohérent, du fait qu'il renvoie simultanément à des catégories telles que ordre et désordre, équilibre et déséquilibre, clarté et ambiguité. Autrement dit, c'est un roman qui assume la complexité du texte postmoderne, mais aussi les risques de parier sur la postmodernité et sur l'écriture en une langue étrangère. Et qui gagne le pari.

Avec ce roman bilingue, l'auteur prouve qu'il est prêt à adopter la langue française comme langue d'écriture. L'attente dans « l'antichambre » a pris fin. En effet, après le coup d'essai nommé *Roman de gare*, il va publier *Pigeon vole* - le roman qui peut être considéré son coup de maître en tant que romancier roumain d'expression française.

Notes

[1] Cf. Dumitru Tsepeneag, Intervention à la Table ronde « O modalitate artistică » *(*Une modalité artistique*),* in *Amfiteatru*, no. 36, Bucureşti, decembrie (Bucarest,, décembre) 1966, p. 596-597.

[2] Jean Ricardou, « La Recherche de Tsepeneag »*,* in *Le Monde*, Paris, le 20 septembre 1973, p. 25.

[3] La vieilee ballade roumaine *Mioritza* (*L'Agnelle)* raconte l'histoire d'un berger assassiné par ses deux camarades jaloux de la beauté de ses troupeaux. Quoique informé par une agnelle – sa préferée - de l'intention meurtrière de ses camarades, le berger accepte son sort, vu que la mort représente à ses yeux un cérémonial grandiose d'épousailles avec le cosmos.

[4] Lise Gauvin, « Glissements de langue et poétiques romanesques : Poulin, Ducharme, Chamoiseau», in *Littératures*, no. 101, Paris, Larousse, 1996, p. 6-7.

[5] E. Cioran, *Histoire et utopie*, Paris, Gallimard, Folio/Essais, 1960, p. 9-10.

[6] Ion Caraion, « Les Mots en exil », in *Marges et exils*, Bruxelles, Ed. Labor, 1987, p. 52

[7] *Ibid.*, p. 49.

[8] Cf. *La raison contradictoire*, Paris, Albin Michel, 1990, p. 11.

[9] Nous empruntons cette expression à Louise Peloquin, « L'image de la langue française dans les romans franco-américains », in *Littérature de langue française en Amérique du Nord*, Poitiers, La Licorne, UFR Langues Littératures, 1993, p. 276.

[10] *Op.cit.*, p. 48.

[11] Voir la revue « Adevărul literar şi artistic », no. 179, 1924.

[12] Emmanuel Jacquart, « Ionesco aux prises avec la culture », in *Ionesco : situation et perspectives*, Colloque de Cerisy, Ed. Pierre Belfond, 1980, p. 57-58.

[13] Marie-Claude Hubert, *Eugène Ionesco,* Paris, Seuil, 1980, p. 73.

[14] Voir entre autres Gilles Lipovetsky, *L'ère du vide. Essai sur l'individualisme contemporain*, Paris, Gallimard, Folio, 1983.

[15] Voir le débat de Rorty avec Lyotard, dans « Critique no. 456, mai 1985, p. 559-584.

[16] Il y a des écrivains dont l'attente fut plus longue encore. Milan Kundera, par exemple, n'a publié *La lenteur*, son premier roman écrit en français, qu'en 1995, vingt ans après s'être installé en France.

[17] *Cuvântul nisiparniță (Le mot sablier)*, Bucuresti, Ed. Univers, 1994, p. 32-33.

[18] Cf. Richard Saint-Gelais, *Châteaux de pages*, Québec, Editions Hurtubise,1994, p. 95-98

II. Intertextualité et métissage

Avec son roman *Pigeon vole* Dumitru Tsepeneag, métamorphosé en Ed Pastenague (anagramme de son nom), réalise un de ses textes les plus intéressants du point de vue de l'écriture. C'est l'histoire à la première personne d'un auteur qui tape à la machine un roman construit autour de ce que le narrateur voit en regardant par la fenêtre. Il s'agit du roman qu'on est en train de lire. Cela n'est pas nouveau. Le récit est maintes fois interrompu par les réflexions du narrateur sur le texte qu'il est en train d'écrire. Cela n'est pas nouveau non plus. Ce qu'il y a de nouveau, c'est la manière dont les êtres et les choses évoqués acquièrent une existence purement scripturale. Par un jeu ingénieux de miroirs, les signes de l'écriture se reflètent les uns dans les autres, s'engendrent les uns les autres, signifient les uns par rapport aux autres, en se métamorphosant sans cesse. Tels les pigeons que le narrateur voit de sa fenêtre et dont le vol renvoie au jeu d'enfants appelé justement pigeon vole, ce qui déclenche les souvenirs d'enfance. Ou telle la voisine d'en face qui sort régulièrement son pékinois à cinq heures pile, mais qui n'en finit pas de sortir de chez elle par la faute du narrateur dont l'écriture avance en revenant toujours sur ses pas. La voisine du narrateur, qui s'appelle Maryse, est veuve de Jean-Jacques qui est frère d'Héloïse, ce qui engendre fatalement un Rousseau disséminé dans tout le texte avec ses *Confessions*. Le pékinois de Maryse, qui est une chienne, s'appelle Valérie, ce qui engendre tout aussi fatalement un Paul Valéry disséminé à son tour dans le texte avec ses *Cahiers*.

C'est que, pour Tsepeneag/Pastenague, la littérature est affaire de langage et, par conséquent, il se méfie de la mimésis car ce qui compte à ses yeux se trouve inscrit dans le texte et non pas à l'extérieur. Aussi dresse-t-il un portrait de l'écrivain réaliste digne des *Caractères* de La Bruyère : « Il pense entretenir l'illusion du réalisme par la minutie de la description et prête aux mots concrets la force magique de faire apparaître sous le nez du lecteur les choses qu'ils désignent. Il se prend pour un fin observateur de la vie quotidienne. Il n'est pas pour rien le gardien d'un théâtre ! ... mais il fait plutôt figure de photographe ambulant. Il reste à la surface des choses, ne cherche pas à approfondir. Il n'est qu'un comptable des gestes. Un gestionnaire. »[1]

Contrairement à l'écrivain réaliste, le narrateur de *Pigeon vole* est en situation de recomposer le monde à sa guise et au gré des mots, en détournant les attaches référentielles et en favorisant le jeu intertextuel. Fidèle à la pratique textualiste et à l'ambition d'un *textor mundi* sensible à la diversité des cultures, il tisse son texte avec ceux de Pascal, Rousseau, Flaubert, Dumas, Valéry, Mallarmé, Nabokov, Chamoiseau, Tsepeneag lui-même, auteur d'un «roman de gare », etc. En s'appropriant sans complexes la langue et la littérature françaises, il réussit quelques performances intertextuelles remarquables, telles que la réécriture d'un passage des *Confessions*, notamment l'histoire du peigne cassé, qui devient l'histoire du kimono taché, ou le délire scriptural en langue créole qui parodie l'écriture baroque de Patrick Chamoiseau.

Mais, d'autre côté, Tsepeneag/Pastenague démonte le mécanisme de l'intertextualité et met celle-ci en question, en tant qu'elle a engendré dans les année 1960, un réseau incontournable de stéréotypies. Ce faisant, il « produit » son texte par un travail intertextuel spectaculaire, tout en démythifiant l'intertextualité conçue par ses théoriciens comme une production ou un tissage automatique de textes autonomes par rapport à un Auteur - sujet et détenteur unique du sens. « A la place de la notion d'intersubjectivité s'installe celle d'*intertextualité*»[2], avait affirmé d'une manière tranchante Julia Kristeva à la fin des années 1960. Or, dans *Pigeon vole*, l'intertextualité ne veut nullement remplacer l'intersubjectivité, ni séparer l'auteur de son texte prétendu « autonome ». C'est que, par la manière dont il aborde l'écriture intertextuelle, Tsepeneag/Ed Pastenague construit son texte comme la représentation possible d'une intertextualité qui n'a pas peur de l'intersubjectivité et en exploite les ressources, tout en la mettant en question.

Le narrateur commence par préciser les modalités du travail intertextuel et les problèmes que l'auteur doit résoudre (notamment celles représentées par les couples *citation/réminiscence, variation/transformation, duplication/relation allégorique*, *conjonction/combinaison de codes distincts*) Il se demande, par exemple, à propos de la citation : « Suis-je vraiment obligé de mettre tout le temps des guillemets ? D'indiquer avec une précision tatillonne la voix de chacun; transformer ce qui devrait être une chorale en... » (p. 105) D'autres questions se font jour dans le cas d'une certaine ambiguïté du texte cité. Ainsi, après la citation suivante: « Je ne pourrais écrire un roman que si j'avais un domestique », le narrateur se demande : « Mépris? Refus de la littérature? » et il conclut: « Mais il faut le dire : noir sur blanc. » (p. 21) Enfin, il y a le problème de la place d'une citation dans le nouveau texte, comme dans le cas de cette citation de Paul Valéry que le narrateur veut insérer dans son propre texte : « Je dois caser une notation extraite des *Cahiers*. "Il faut peut-être que le personnage d'un livre se fasse plus qu'il ne se construise ; se forme comme nous nous formons nous-mêmes, sans projet de nous former, sans plan préétabli mais à tâtons." Comme à la Samaritaine, on trouve tout chez Paul Valéry. » (p. 33)

Aussi un discours – en l'occurrence la citation – devient-il objet du métadiscours ironique censé dévoiler au lecteur les coulisses du travail intertextuel. Il en est de même dans le cas d'autres procédés tels que la variation ou la transformation, qui suscitent toujours les commentaires du narrateur désireux de rendre le lecteur sensible à l'existence du dialogue intertextuel et de ses risques dont celui de divaguer, comme il arrive lorsque, en transformant l'histoire rousseauiste du peigne cassé en une histoire de kimono taché, le scripteur se voit accusé ironiquement de «battre la campagne ».

Qui plus est, par la mise à nu des mécanismes du travail intertextuel, l'auteur met en question certains clichés dont en premier lieu un énoncé fondamental de la théorie de l'intertextualité, à savoir celui conformément auquel tout texte est « absorption et transformation d'un autre texte »[3]. D'où il résulte que tout texte est produit par un « dialogue de textes », voire qu'il est implicitement un texte-dialogue. Or *Pigeon vole* est un texte-dialogue ou plutôt un texte-polylogue dont l'originalité consiste en cela qu'il s'interroge sur son fonctionnement même en tant que parole dialogique. Ed Pastenague écrit son roman à l'aide de ses trois amis d'enfance : Edmond le noir antillais, Edgar le jaune à demi vietnamien et Edouard le rouge, secrétaire de cellule. Il compte sur leur *regard*, leur *mémoire* et leur *imagination.* Aussi crée-t-il une sorte d'«atelier d'écriture à distance », en leur envoyant un questionnaire et en intégrant leurs réponses dans son roman, telles quelles ou après transformation préalable. Il en résulte un polylogue hallucinatoire sous forme d'un échange ininterrompu de lettres ou de coups de téléphone entre les quatre scripteurs qui évoquent des souvenirs, racontent des histoires, discutent de la littérature. Chacun commente les textes des autres, interroge, adresse des critiques ou des conseils, s'explique ou au contraire se dérobe. Donc tout le monde écrit à tout le monde, tout le monde parle à tout le monde, tout le monde critique tout le monde, tout le monde interroge tout le monde. Il ne reste au lecteur qu'à manifester son admiration pour le plus démocratique et le plus universel des dialogues possibles. Mais Ed Pastenague est là, disant à qui veut l'entendre qu'en fait, tout le monde, c'est lui-même, Ed Pastenague, le vrai maître du jeu, « le décideur ». Il avoue ne pas se sentir obligé de respecter la vérité ou le style des auteurs dont il emploie les textes. En travaillant sur les textes des autres, il se réserve le droit de les citer ou de les résumer, d'en éliminer certains passages, autrement dit « d'intervenir d'autorité » pour changer ce qui ne lui convient pas. Il le dit sans équivoque: « Je dois instaurer mon autorité tout en restant dans l'ombre. » (p. 85) ; « Je ne peux tout de même pas suivre toutes les suggestions. Je dois trier. Rayer par-ci, gommer par-là ; renforcer si nécessaire. » (p. 100) D'ailleurs, à la fin du roman, le narrateur renonce à ses aides, irrité par leurs critiques, agacé par leur ton ou par leur délire verbal. Il les punit pour avoir « déraillé », pour être sortis de leur rôle. Il va jouer à leur place, parler en leur nom. Ainsi, en construisant son drôle de polylogue, Ed Pastenague produit un texte où sa verve ironique s'exerce à démolir le mythe du « texte-dialogue intertextuel », voire à sanctionner joyeusement toute tentative de miner le discours de l'autorité. Encore faut-il dire que le discours autoritaire du narrateur n'échappe lui non plus aux flèches ironiques lancées abondamment.

On arrive du coup à un deuxième cliché qu'il met en question, notamment celui de la disparition du sujet en faveur de l'interlocuteur - texte. Le réseau textuel tissé par Pastenague n'est nullement le résultat d'un simple processus de production du texte par les autres textes qu'il traverserait et qui le traverseraient en l'absence d'une « personne-sujet de l'écriture ». L'auteur, omniprésent en tant que scripteur, producteur de texte et de métatexte, n'en est pas moins préoccupé par le retour de la subjectivité, quoiqu'il s'en défend : « Et pourtant ceci n'est pas un livre sur la personne qui écrit ce livre: ses qualités et ses défauts, ses inquiétudes. Si on s'y exprime à la première personne, c'est pour faire, disons, plus convaincant. Un point c'est tout. » (p. 153) D'accord, mais cela n'empêche que le discours et le métadiscours soient marqués par la subjectivité. Le narrateur prend soin de noter la gamme très large de sentiments, sensations, réactions personnelles des quatre personnages-scripteurs : bonheur, amusement, déception, surprise, agacement, irritation, impatience, méfiance, etc. L'écriture n'est nullement présentée comme une activité impersonnelle ou neutre, bien au contraire, elle alimente les passions, les délires, l'imagination des scripteurs. En fait, le problème est de savoir « si la littérature constitue aussi une manière d'être et non seulement une hypostase de l'obscure volonté [...] d'écriture » (p. 183).

Ainsi Ed Pastenague existe comme scripteur - producteur de texte en assumant sa double hypostase de créateur tout-puissant d'un monde imaginaire et de sujet qui s'interroge sur son statut et sa démarche : « Suis-je le metteur en scène ? Et pour supprimer l'abîme qui me sépare de mes personnages je me mets moi-même en scène. En abîme ? Suis-je un simple acteur ? Une marionnette dans les mains de quelqu'un qui m'a inventé de toutes pièces ? La créature d'un projet qui me dépasse ? (p. 158). En faisant jaillir ses interrogations, l'auteur se plie à un commandement qui était déjà celui des modernes et dont les postmodernes ont fait leur devise, à savoir que « la littérature ne peut réellement exister qu'en se mettant en question » (p. 86) et en refusant tout modèle validé par « l'opinion générale ». Dans *Pigeon vole*, cette mise en question est réalisée par le biais de l'écriture fragmentaire fondée sur une dissémination imprévisible des mots et du sens qui oblige le narrateur à s'interroger sur la « meilleure tactique » à adopter. Submergé de temps en temps par le désir de tout effacer et repartir à zéro, le narrateur nous offre le « beau brouillon » autoironique d'une écriture aux prises avec la prolifération inquiétante de ses propres signes. Cela revient à dire que le texte de Pastenague – « réseau » ou « tissu » dans le langage des textualistes – est aussi un texte- brouillon fait de biffures, de recommencements, de « fantômes de thèmes », de mises en question, comme si l'auteur avait peur de cristalliser et de finir son roman conformément aux modèles existants. D'où la question inevitable sur l'appartenance même de ce texte au genre romanesque : «... mais est-ce vraiment un roman que je gribouille là ? (p. 134) »

Ainsi la page d'écriture de Tsepeneag/Pastenague se présente comme un espace fascinant qui se donne à la fois comme résultat, toujours provisoire, d'une opération scripturale hantée par ses problèmes et comme description autoironique de cette opération. Il y a là une prise de conscience du sujet humain qui s'insinue dans le texte pour l'empêcher de fonctionner à la manière impersonnelle des Nouveaux Romanciers textualistes : dans *Pigeon vole*, le jeu textuel/intertextuel n'exclut pas la subjectivité d'un auteur qui ne cesse pas de s'interroger car, à son avis, « notre pensée est vouée à la rature, nos paroles ne sont que provisoires et jamais tout à fait propres » (p. 13). L'écriture de Tsepeneag/Pastenague engendre à chaque pas des réflexions ou des questions, sérieuses ou ironiques, portant sur l'écrivain, le roman, l'écriture, le lecteur ou bien sur certaines obsessions du monde contemporain devenues autant de clichés : la disparition de la littérature, l'agonie de l'écrivain mortel remplacé par l'ordinateur qui est, lui, « propre et immortel », « la trahison » du lecteur, etc.

On est donc bien loin de l'écriture omnisciente et présomptueuse, forte de ses certitudes, fut-elle celle d'un Balzac ou d'un Nouveau Romancier : « Précaire et fragile, décousu mais soucieux de cohérence, le roman d'Ed Pastenague est à l'image d'une certaine vie, celle toujours singulière de l'homme qui reprend toujours à nouveau le geste d'écrire et de s'écrire. »[4] En effet, l'écriture de Pastenague, fragmentaire, destructurée, consciente de sa relativité qu'elle assume ironiquement, n'en exprime pas moins la volonté de retrouver l'unité et la cohérence. D'où son caractère paradoxal reposant sur une perception contradictoire du récit/du langage/du sens comme étant produits siùultanément par un mouvement de pulvérisation et de structuration : « J'aimerais comparer le fragment à une fronde, à une arbalète, à un canon. Ou bien carrément à un lance-missiles. Non seulement il lance loin le sens dont il est chargé, mais aussi dans plusieurs directions à la fois. Il arrose en tournoyant. » (p. 28) *vs* « Le fragment est une pièce de domino, de mahjong, elle attend les autres pièces et d'une certaine manière on peut dire qu'elle les attire. » (p. 42-43)

Envisagée dans une telle perspective, l'originalité du roman réside dans la manière dont le narrateur tente de renfermer le mouvement centrifuge de l'écriture à l'intérieur d'un système, sans arrêter pour autant le tournoiement du sens et du langage. Il y a dans *Pigeon vole* une image remarquable, notamment celle du texte-tapisserie, qu'on pourrait lire comme une métaphore d'une structure figée, laborieusement construite, qui n'en est pas moins un « système ouvert » favorisant un dialogue intertextuel et interculturel à vocation universelle. Cela veut dire que Tsepeneag est un textualiste « fin de siècle » (et début de millénaire, pourrait-on ajouter), qui dépasse la réflexion narcissique de l'écriture sur son propre mécanisme vers une écriture ouverte à l'altérité :

« Le tisserand qui, dans son écriture bien plus compliquée qu'un simple tissage, brouille ses fils et les laisse s'échapper peut soupçonner sa propre navette et lui en vouloir. Mais à tort ! Car celle-ci, dans son va-et-vient, n'est capable que de lui cacher ce petit secret de Polichinelle : de toute façon les fils dépassent le métier à tisser, ils se prolongent au-delà du tisserand, de son atelier, ils en sortent et ils s'enchevêtrent au fur et à mesure qu'ils traversent la vie et la ville jusqu'à d'autres tisserands (encore moins vigilents ?) qui à leur tour sont débordés par ce qu'ils prennent pour leurs propres fils : on s'entretisse tous dans cette tapisserie sans fin. Un tisserand tissé jusqu'à métissage. » (p. 94).

En jouant sur les mots *tisser* et *métisser*, Pastenague construit l'image d'un travail textuel qui implique non pas un dialogue formel, mais un mélange de races et de cultures. D'un côté, il combine les fils les plus divers afin d'obtenir une tapisserie, c'est-à-dire une structure rigoureusement ordonnée, comme il sied bien à ceux qui sont passés par les écoles théoriques des années soixante. De l'autre, le tisserand textualiste tisse un texte métissé, ouvert, où les langages s'entrecroisent, s'entretissent dans une sorte de « système ouvert métissé », ce qui revient à remplacer le mythe de la permanence d'une culture par l'image postmoderne d'un nouveau Babel où langages et cultures s'opposent et se superposent, se figent et foisonnent, s'ordonnent conformément aux lois de la raison et tourbillonnent au rythme du délire. Est-ce que Pastenague tente de nous faire comprendre que, pour paraphraser Malraux, l'avenir, au plan des cultures, est au métissage ou il ne sera pas ?[5] Que tisser veut dire implicitement métisser ? C'est une question incitante, vu la manière ludique dont l'auteur combine, réécrit, interroge des textes extrêmement divers de la culture européenne et universelle. Ce que nous pouvons pourtant affirmer sans risquer d'être de faux prophètes, c'est que Tsepeneag propose, par son travail intertextuel de tissage-métissage, le modèle possible d'un Babel postmoderne où les cultures puissent cohabiter. Il s'agit notamment du modèle d'un espace où chacune des cultures mises en présence est perçue comme étant en même temps elle-même et autre. Ce qui ne veut nullement dire que cet espace soit moins tendu et contradictoire pour autant.

Toujours est-il que *Pigeon vole* renferme une représentation très intéressante du tissage qui se mue en métissage. Les histoires, les textes, les voix se mêlent jusqu'à la confusion. « Je ne sais plus qui parle », reconnaît l'auteur. C'est que le roman de Tsepeneag/Pastenague, tissé dans l'atelier d'écriture par Ed – le narrateur blanc et par les trois autres Ed de différentes couleurs, raconte une sorte de saga universelle où se mêlent l'histoire d'un jeune Algérien, celle d'un Irlandais collectionneur de chaises et psychanalyste, de même que les histoires tragiques, pathétiques, comiques de plusieurs familles – française, martiniquaise, arabe, anglaise, vietnamienne.

En l'occurrence, une question " bizarre et maladroite » ne tarde pas de surgir: « A qui appartient la langue française ? » (p. 102, 143). Ou, autrement dit, « le français appartient-il à tout le monde ? » Y compris à l'écrivain chinois qui s'est mis à écrire en français ? » (p. 103). Autant de questions rhétoriques mais susceptibles d'alimenter encore d'interminables débats. Aussi proposons-nous de *lire* cette tapisserie à la fois française et multicolore comme une métaphore de la francophonie qui représente, elle aussi, un texte ample et divers, multicolore et mouvant, désireux d'exprimer sa pluralité par le biais du dialogue/du mélange des cultures qui la composent. Dans le récit spéculaire de Tsepeneag/Pastenague, la francophonie, c'est aussi le discours sur la «fraternité des couleurs », l'égalité et le métissage des races. Elle est encore le jeu d'échecs évoqué de manière obsédante, comme un combat entre les noirs et les blancs. Dans les problèmes d'échec les blancs gagnent toujours, mais Pastenague imagine une partie où il arrive qu'un jeune métis remporte une victoire éclatante sur un vieux joueur blanc.

Et nous autres lecteurs en tout cela? Ed Pastenague est assez dur à notre égard. Nous sommes censés avoir des préjugés, aimer l'illusion représentative ou référentielle, préférer les auteurs réalistes – « photographes", « gestionnaires des gestes », « écrivains-nourriciers qui illusionnent le lecteur » -, nous identifier « avec les héros qui gesticulent derrière les phrases ». Nous avons pourtant des circonstances atténuantes : c'est la faute à l'école et à la télé qui alimentent notre illusion référentielle. Mais Ed Pastenague entrevoit aussi une chance de salut : « Il peut arriver – par quel miracle – qu'au bout d'un certain temps le lecteur se libère de tous ces carcans scolaires et télévisuels, qu'il prenne du champ, du recul ; qu'il se méfie des personnages trop réels : il les soupçonne, il les met en cage. Il joue avec. Il commence, mentalement, à rayer ici un mot, là toute une phrase, il saute des lignes, des pages, revient en arrière, lit en diagonale. Il jette le livre. Est-il encore lecteur ? Il finit par feuilleter en librairie sans acheter. Est-il déjà écrivain ? (p. 15). C'est sur ces questions qui suggèrent la possibilité de parler non pas d'une opposition ou d'une collaboration, toutes deux traditionnelles, mais d'un métissage entre le lecteur et l'écrivain, que nous aimerions terminer notre commentaire. Nous croyons pouvoir déceler là un défi que nous lance Tsepeneag/Pastenague en nous suggérant de cultiver ensemble, écrivains et lecteurs, le «beau brouillon » tissé-métissé du texte qui reste toujours à faire/refaire.

C'est que *Pigeon vole* représente une chance donnée à la langue française de favoriser, après des siècles de centralisme hexagonal, la quête d'une identité neuve, « sensible à la diversité du monde »[6]. Il s'agit d'une quête placée sous le signe ironique – et rhétorique, pour les francophones - de la question que Tsepeneag-Pastenague fait voler comme un pigeon à travers son roman : Comment peut-on être écrivain ?

Notes

[1] Ed Pastenague (Dumitru Tsepeneag), *Pigeon vole*, Paris, P.O.L.,1989, p. 150. Toutes les références renvoient à cette édition.

[2] Julia Kristeva, *Séméiotiké. Recherches pour une sémanalyse*, Paris, Seuil, 1969, p. 146.

[3] Julia Kristeva, *op. cit.*, p. 146.

[4] Patrick Kéchichian, « Le bocal agité d'Ed Pastenague », in *Le Monde*, 27 octobre 1989.

[5] Léopold Sédar Senghor l'avait prédit, lui, et d'autres personnalités francophones avaient été d'accord avec lui : « Dans une intuition particulièrement éclairante, Léopold Sédar Senghor a parlé un jour, pour l'avenir, d'une civilisation du métissage. Je pense comme lui qu'au plan des hommes comme au plan des cultures, l'avenir est au métissage ou qu'il ne sera pas. » (Salah Stétié, «L'homme au double pays », in *Esprit* no. 228, janvier 1997, p. 140)

[6] Nous empruntons cette expression à Patrick Chamoiseau, *Texaco*, Paris, Gallimard, 1992, p. 243. *Texaco* est l'histoire d'un métissage raconté par une vieille créole qui « mélangeait le créole et le français, le mot vulgaire, le mot précieux, le mot oublié, le mot nouveau, comme si à tout moment elle mobilisait ou récapitulait ses langues. » (p. 424) La ville créole, telle que la décrit Chamoiseau, confirme l'intuition de Senghor : « Mélant ces deux langues, rêvant de toutes les langues, la ville créole parle en secret un langage neuf et ne craint plus Babel. » Et pour cause, car c'est une ville à « identité neuve : multilingue, multiraciale, multi-historique », autrement dit une ville diverse de par son ouverture au monde (p. 242-243)

III. Le réalisme onirique

Il faut rappeler d'emblée que l'onirisme roumain des années 1960 a été un mouvement essentiellement esthétique. La démarche théorique de Tsepeneag, exposée dans les articles publiés dans les revues littéraires roumaines des années 1960-1970, mais aussi en France, dans les «Cahiers de l'Est » et les « Lettres nouvelles », était fondée sur le désir de déterminer avec précision les particularités de l'onirisme par rapport aux deux catégories avoisinantes, le fantastique et le surréalisme. Aussi énonçait-il (en roumain) dans l'article programmatique *In căutarea unei definiții* (*A la recherche d'une définition*) publié en 1968, les idées fondatrices de la doctrine onirique, devenues désormais « classiques » et reprises (en français cette fois-ci) dans un article datant des années 1970 : « L'onirisme structural est esthétique. Il mise sur *faire* et sur *construire*, actes qui caractérisent l'artiste. Il n'a plus la vaine prétention de connaître, de découvrir ce qui est déjà. Son ambition est de produire un objet autonome grâce à une synthèse dont le modèle est le rêve. C'est-à-dire faire en sorte que les images, qui sont généralement perçues dans leur succession s'organisent en une simultanéité. Une sorte de musique peinte, de temps sans cesse converti en espace. »[1] Il s'agissait par conséquent d'appréhender le rêve non pas comme source de poésie ou comme objet d'étude, mais comme « critère », en ce sens que l'auteur onirique était censé construire une réalité analogue au rêve. Quant à la littérature onirique définie par Tsepeneag comme « territoire autonome » entre le fantastique et le surréalisme, elle visait à construire un monde « analogue » au monde réel, par une double négation, à savoir celle du réalisme et du fantastique traditionnels. Ou plus exactement par une triple négation, car l'écriture onirique, complètement étrangère au délire ou au sommeil de la raison, rejetait aussi la dictée automatique des surréalistes et l'incohérence qui en dérive. L'écrivain onirique devait être, lui, un « être logique» capable d'envisager tout, y compris le rêve, avec lucidité. L'ambiguïté même, condition *sine qua non* de la littérature moderne, devait être « consciemment et rigoureusement calculée » pour s'intégrer au paradigme de l'onirisme selon Tsepeneag : action – rationalité - rigueur – lucidité – modernité.

En ce qui concerne la création littéraire de Tsepeneag, on peut parler d'un onirisme proprement-dit à propos des textes – recueils de nouvelles et romans – élaborés en Roumanie dans les années 1960-1970 et qui représentent, pour la plupart, des expériences textualistes à la manière du Nouveau Roman français. Quant aux romans écrits en France dans les années 1990-2000, dont la trilogie de l'Europe postcommuniste formée de *Hôtel Europa* (1996), *Pont des Arts* (1998) et *Au pays du Maramures* (2001), ils poursuivent la quête esthétique entreprise sous le signe de l'onirisme et du textualisme. Cependant leur originalité consiste en cela que l'intérêt pour l'histoire contemporaine, notamment pour les événements qui ont suivi la chute du mur de Berlin et la Révolution roumaine de 1989, conduit l'auteur à réhabiliter le réalisme ou, plus exactement, à imaginer une nouvelle forme de réalisme qui allie la mimésis, l'historisme, l'onirisme et le textualisme. La question est de savoir comment a-t-il résolu le paradoxe d'une démarche qui se veut réaliste, mais qui raconte l'Histoire en structurant le récit selon le modèle du rêve, caractérisé par l'ubiquité, la simultanéité et l'absence de causalité. Ou encore, comment les grands défis de l'Histoire contemporaine sonr fictionnalisés par un écrivain qui ne renonce pas pour autant à ses expériences textualistes et à la dimension onirique de son imaginaire.

« Je voulais écrire un roman lié à la situation en Roumanie, plus réaliste que mes autres romans »[2], confesse le narrateur. Il n'en est rien, s'il faut croire son *alter ego*, notamment le personnage de la femme du narrateur dont celui-ci fait, non sans une pointe d'ironie, le prototype du lecteur : « Tu perds ton temps à essayer de me faire croire que tu vas pondre un roman réaliste. Tu ne sais même pas ce que c'est, la réalité. Tout se mélange dans ta cervelle, tu vis la tête dans les nuages, pour toi la réalité n'est qu'un bordel sens dessus dessous. Sans compter que le nihilisme te bouffe comme une lèpre et que tu ne crois à rien. Alors, naturellement, sur le papier tu n'accouches que de confusion et d'équivoque. » (*Hôtel Europa,* p. 85) Autant dire que son double ironique fait éclater la duplicité du narrateur : rêveur nihiliste, il a l'intention d'« accoucher » d'un roman réaliste. Pour ce faire, il commence par intégrer à la trame narrative les principaux repères historiques et culturels, les conflits politiques et ethniques, les mythes et les stéréotypies de la Roumanie et de l'Europe des années 1990-2000.

Les romans qui composent la trilogie racontent un voyage à double sens et à trois volets entre l'Est et l'Ouest de l'Europe post-communiste : la ruée des Roumains vers l'Ouest (dans *Hôtel Europa)*, leur expérience française (dans *Pont des Arts)*, leur retour au pays natal (dans *Au pays du Maramures).* Le héros, un étudiant en français de Bucarest déçu par la Roumanie post-révolutionnaire, voyage à travers l'Europe pour se rendre en France, muni d'une vision mythique de l'Occident. Chemin faisant, il côtoie des aventuriers, des truands, des fauchés, des mafieux de toutes les races et couleurs. Son voyage représente en l'occurrence l'initiation au déclin d'un continent en quête d'identité et rongé par les violences xénophobes. Aussi le narrateur met-il en question l'image stéréotypée de l'Europe divisée entre les pays de l'Est et l'Occident perçu comme un symbole de la liberté et de la démocratie : « beaucoup [de Roumains] avaient fui la Roumanie dans l'intention de passer ensuite en Autriche et de là plus loin, en Allemagne, en France, en Italie. N'importe où pourvu que ce soit dans ce fameux Occident appelé par métonymie Europe, comme si les pays qui ne font pas partie de la Communauté Economique Européenne ne se trouvaient pas en Europe, mais en Asie. Comme si Budapest et Prague n'étaient pas au cœur de l'Europe. [...] Et si nous admettons avec de Gaulle que l'Europe va de l'Atlantique à l'Oural, alors notre pauvre Bucarest se situe lui-même plus près du centre que du bord. » (*Hôtel Europa,* p. 161)

Qu'est-ce donc que l'Europe ? Voilà la question qui sous-tend cette trilogie de l'Europe postcommuniste marquée par l'omniprésence de l'Histoire. Y figurent tout d'abord la Révolution roumaine de 1989 et les événements lui ayant succédé : les élections, les meetings anticommunistes de la place de l'Université à Bucarest, la proclamation de Timisoara, le débarquement des mineurs dans la capitale et le massacre qui s'ensuivit, les affrontements interethniques de Tîrgu Mures, l'attribution par les Etats-Unis de la clause de la nation la plus favorisée à la Roumanie et la visite des sénateurs américains à Bucarest à cette occasion, etc. Y figurent également certains phénomènes emblématiques de la société roumaine des années 1990 : l'émigration (le travail au noir, la multiplication des demandes d'asile, la situation dramatique des milliers de Roumains dans le camp de réfugiés de Traiskierchen, en Autriche), le désenchantement de ceux qui croyaient que rien n'avait changé en Roumanie après la Révolution, le départ massif des jeunes (« Tous veulent partir, filer à l'étranger. Aux yeux de ces jeunes, le départ apparaissait comme l'unique planche de salut. », *Hôtel Europa*, p. 108), le mythe de l'Occident (« Une vie nouvelle, merveilleuse, l'attendait [...] dans cet Occident mirifique qu'il voyait miroiter comme un gigantesque mât de cocagne au sommet duquel trônait une Mercedes... », *Hôtel Europa*, p. 143).

L'Histoire européenne est présente à son tour par la guerre de Yougoslavie, la « purification ethnique » et l'embargo contre ce pays, le procès de Honecker en Allemagne et la politique étrangère allemande, le putsch anti-Gorbatchev de Moscou, etc. Afin de renforcer l'effet de réel, le narrateur utilise la stratégie de l'authentification du récit par l'intervention de personnages–témoins ayant participé aux événements. Ces personnages présentent leur version lors des conversations ou dans des lettres, évoquent les personnalités historiques du moment ou font des commentaires sur la politique menée en Roumanie, en Europe, dans le monde. Qui plus est, l'auteur n'hésite pas de reproduire des fragments d'articles de journaux français, roumains ou autres, au risque de devenir lui-même un des auteurs réalistes – « photographes », « gestionnaires des gestes », « écrivains-nourriciers qui illusionnent le lecteur », dont il s'était moqué auparavent dans son roman *Pigeon vole.* Rien que dans *Hôtel Europa*, le narrateur reproduit des coupures de presse sur le procès du couple Ceausescu (p. 51), la descente des mineurs à Bucarest et leur attaque sur la population dans les rues de la capitale (p. 187), l'émigration des Roumains en Europe de l'Ouest, au Canada ou en Argentine (p. 108-110), le conflit du Golfe (p. 155), la xénophobie et les violences des extrémistes en Allemagne (p. 258-261), les conflits interethniques de Bosnie (p. 261), etc. Il en résulte que les références à l'Histoire de l'Europe dans la dernière décennie du XX-e siècle font éclater une réalité conflictuelle, violente, souvent tragique. C'est pourquoi des appellations telles que *mauvais rêve* et *cauchemar* surgissent fréquemment et normalement pour désigner des événements ou des situations on ne peut plus réels, comme il arrive lorsque, après avoir reproduit un article du *Monde* sur le travail illégal des Roumains en France et les disputes autour de cette question, le narrateur note : « Je ne sais que dire, je ne sais que penser, une tristesse pesante m'accable, je suis pris dans ses rets, piégé, captif. Pire, je suis dans un cauchemar qui n'est pas le mien, un intrus dans le mauvais rêve d'un autre. Que faire désormais ? Attendre que je me réveille... »[3] Autant dire que le cauchemar de l'Histoire est censé représenter une forme d'emprisonnement de l'individu dans une réalité *autre*, qu'il est incapable de rendre sienne et qu'il perçoit de manière pathétique.

La réalité quotidienne, non moins désolante et violente, est présente à son tour par la mention de maints faits divers relatés dans les journaux roumains et français : multiplication des inscriptions antisémites à Varsovie, mort de deux soldats noirs américains en Allemagne poignardés par des agresseurs turcs, procès des quatre infirmières autrichiennes accusées d'avoir tué plusieurs dizaines de vieillards, arrestation d'un pêcheur japonais accusé d'avoir utilisé sa femme comme appât pour les requins, meurtre atroce d'une femme tuée par son mari dans un village du Midi de la France, crime crapuleux dans un parc de Paris, découverte macabre de cinquante-quatre squelettes portant les traces d'un décès violent sur un terrain de Bucarest ayant appartenu à l'ancienne Securitate.

Encore faut-il ajouter que le romancier fait attention à la *couleur locale*, en signalant ou en décrivant les lieux emblématiques des grandes villes européennes : le boulevard Calea Victoriei de Bucarest, les cafés multiethniques de Munich « où se retrouvent tous les Balkans », la célèbre cathédrale de Strasbourg ou les hauts-lieux touristiques de Paris. Dans certains cas, ces descriptions sont plus réalistes que nature en raison de l'accumulation de détails qui concourent à créer l'illusion du réel, tout en lançant des flèches critiques à l'adresse de la société contemporaine. La description de la cathédrale de Strasbourg, par exemple, pourrait figurer parfaitement dans un roman réaliste : «Qu'elle [la cathédrale de Strasbourg] était grande! Si on la regardait sans trop s'éloigner des murailles, on était pris de vertige et de peur : on eût dit que cette énorme masse de pierre menaçait de s'écrouler. Sur le trottoir opposé à la cathédrale, les échoppes et les étals d'articles pour touristes, les couleurs stridentes, un bariolage de perroquet, qui semblaient descendre toutes en même temps des drapeaux de la Communauté européenne [...] Au début on ne voit que la cathédrale. Ensuite on se retourne, étourdi, et on aperçoit les échoppes et les étalages pleins de camelote pour touristes. C'est seulement après qu'on se place de nouveau face à la cathédrale et qu'on découvre tous les malheureux adossés aux murs. Les laissés-pour-compte de la société de consommation ! » (*Hôtel Europa*, p. 300-301)

Tels les personnages des romans balzaciens, les personnages de Tsepeneag sont présents dans des endroits « réels » figurant sur les cartes des villes d'Europe : la Kantnerstrasse à Vienne, la place de la cathédrale à Strasbourg, la gare Montparnasse, la Place Pigalle ou la rue Saint-André-des-Arts à Paris, la Place Rouge à Moscou. Ils se retrouvent au café du Cluny ou sur le Pont des Arts, vont au cinéma dans le Quartier latin, participent à la conférence donnée par le président roumain Emil Constantinescu à la Sorbonne ou se promènent tout simplement dans les rues de Paris, passent devant un restaurant qui s'appelle *Au pied de cochon* ou s'arrêtent devant la baraque d'un marchand de crêpes bretonnes.

Il paraît évident, par conséquent, que le narrateur veut *dire vrai*. Est-ce que ses romans sont réalistes pour autant ? Oui, dans la mesure où il s'agit d'un *réalisme onirique*, c'est-à-dire d'une construction du *réel* par l'écriture. En fait, Tsepeneag ne « trahit » pas l'onirisme. Il ne réhabilite non plus le réalisme traditionnel. Son intention est de transgresser l'onirisme aussi bien que le réalisme afin de les intégrer à un espace textuel plus vaste, plus ouvert, et de créer un univers fictionnel où des hommes, des idées et des cultures à référent historique bien précis se déplacent sans cesse sous le signe de la relativité, de l'ambiguïté et de l'ubiquité propres au rêve.

En effet, quelle meilleure stratégie narrative aurait-il pu trouver pour forger l'image de l'Europe fin de siècle où les destins, les figures, les identités se croisent, s'affrontent, se confondent et se séparent dans un va-et-vient continu ? Aussi le narrateur procède-t-il comme un de ses personnages, un peintre roumain établi à Paris, qui fait naviguer un vaisseau-fantôme venu d'ailleurs sous le Pont des Arts reliant le palais du Louvre au palais de l'Institut. L'image de ce bateau-mouche étrange et étranger pourrait être interprétée en l'occurrence comme une métaphore du réalisme onirique qui fait surgir le réel sous la forme d'un rêve textuel/pictural : « En déplaçant le carton, il fait apparaître le portrait d'une Japonaise posant sur le pont des Arts ; on voit à l'arrière-plan l'île de la Cité et un bateau-mouche qui, si on l'examine de près, est rempli de toutes sortes de bêtes étranges qui semblent issues des toiles de Brauner »[4]. Dans la toile du personnage aussi bien que dans le texte du romancier, la présence d'un bateau-mouche parisien métamorphosé en bateau fabuleux issu de l'univers onirique d'un grand peintre surréaliste d'origine roumaine est tout aussi normale que la présence de la touriste japonaise dans un haut-lieu touristique de Paris. C'est que dans la trilogie de Tsepeneag, les événements « historiques », les lieux « réels » sur la carte de l'Europe ou les références autobiographiques constituent autant d'éléments d'une réalité scripturale construite conformément au paradigme du rêve et échappant aussi bien aux déterminations de la réalité objective qu'aux lois de la mimésis.

En effet, par un jeu ingénieux de miroirs, Tsepeneag raconte plusieurs années de l'Histoire européenne sous la forme d'un vaste récit onirique se déroulant entre deux séquences qui se reflètent l'une l'autre à quelques mille pages de distance, à savoir la séquence qui ouvre la trilogie et celle qui la clôt. Une lecture parallèle de ces deux séquences est censée mettre en évidence la spécificité du rêve–texte dont la construction repose sur l'ubiquité du regard et sur la structuration de la réalité imaginaire conformément au principe de simultanéité. C'est comme si la durée des événements était ramené à un temps zéro, ce qui engendre la confusion des plans de la narration et l'ambiguïté des personnages et de l'espace où ils évoluent : Paris et Bucarest se confondent, le narrateur et son héros n'en font qu'un, l'Histoire et le rêve se fondent dans une même réalité scripturale. Le premier roman de la trilogie, *Hôtel Europa*, débute par l'autoportrait du narrateur dans son décor domestique. Et c'est précisément par le réel au quotidien que le rêve arrive et impose à la représentation de la réalité une logique onirique. L'homme qui se réveille péniblement et accomplit des gestes familiers plonge simultanément dans son bain, dans son rêve et dans son récit. Ce même homme qui se regarde dans la glace et constate qu'il a vieilli est l'auteur narcissique en état de veille, hanté par les fantasmes (de l'Histoire et de l'imaginaire) qui investissent son univers quotidien :

« J'écarte mon genou de sa cuisse, je me retourne en gémissant tout doucement et je pense le mot sciatique, puis ma main rencontre la table de chevet – une sensation agréable. Je devrais me lever. Dans la chambre il fait nuit noire, dehors c'est l'hiver, je distingue difficilement les branches de l'arbre devant la fenêtre : menaçant ou protecteur, je ne sais pas. Un squelette géant conservé dans le froid. Je fais néanmoins l'effort nécessaire. Le bras gauche s'appuie sur la table de chevet, l'autre agit comme un ressort, un pied dépasse le bord du lit, aussitôt suivi de l'autre. Me voilà assis sur le lit, les mains sur les genoux, encore ensommeillé. Je respire un grand coup. Je tourne la tête pour regarder la femme qui continue à dormir paisiblement. Elle ronfle légèrement. Je me lève et je vais à la salle de bains. Je tourne le commutateur, je perçois la lumière comme une agression. Je lève le bras pour me défendre. Je me vois ensuite dans la glace [...] Je retire mon pyjama et je m'étends dans la baignoire. Je ferme les yeux. Une sensation de bien être, Dans l'eau chaude mon mal de reins disparaît. [...] Il faisait chaud, anormalement chaud, surtout si l'on pense que Noël approchait. Il marchait vite, courait par moments, bousculait quelque passant, s'arrêtait... Il avait rendez-vous avec Ion derrière l'hôtel *Continental*, en face de l'agence hongroise de transports aériens. » (*Hôtel Europa*, p. 7, 11, 12)

Le passage de *je* à *il* marque l'existence simultanée du narrateur dans une réalité ambivalente se réclamant aussi bien du réel quotidien que du monde imaginaire/rêvé de la fiction. Les yeux fermés dans sa baignoire, il se met à imaginer, voire à rêver le roman qu'il va écrire. La chaleur du bain, c'est le temps « anormalement chaud » qu'il faisait à Bucarest, la veille de Noël, au moment où lui-même (l'auteur-personnage) et son personnage romanesque (Ion) marchaient dans les rues de la ville bouleversée par les événements de décembre 1989. Le rêve diurne du narrateur va continuer jusqu'à la fin de la trilogie. C'est que la séquence qui clôt le troisième roman, *Au pays du Maramures*, reflète comme un miroir la séquence initiale de *Hôtel Europa* : on y retrouve le même décor familier, les mêmes gestes quotidiens, les mêmes allusions au rêve. Seulement, cette fois-ci, il s'agit d'une image spéculaire, donc renversée, car ce n'est pas *lui* mais *elle* qui accomplit le rituel du réveil, tandis que le rêve qui commençait est devenu un rêve qui finit :

«...l'homme allongé à côté d'elle écarte le genou de sa cuisse en geignant doucement. Il se redresse et prend appui de la main sur la table de chevet. Il est maintenant assis sur le bord du lit, les mains sur les genoux, prêt à se lever. Ou bien, à l'inverse, il vient juste de s'asseoir et va se coucher auprès de sa femme qui dort comme un loir : il sent son souffle chaud. Elle remue les lèvres, ses globes oculaires palpitent et elle ouvre parfois les yeux, tout en continuant à rêver. [...] Marianne se retourne sur le dos et se couvre les yeux du bras. Elle ne les ouvre pas. Mais elle ne rêve plus. Elle sort de son cauchemar. Elle ouvre les paupières. Dans la chambre il fait nuit noire, dehors c'est l'hiver, elle distingue à peine les branches de l'arbre devant la fenêtre : menaçant ou protecteur, qui sait. Un squelette de géant conservé par le froid... Quelqu'un a oublié d'éteindre à la salle de bains. Quelqu'un dort à côté d'elle. Elle ne rêve plus. Mais elle ferme les yeux... » (*Au pays du Maramures*, p. 328)

Ouvrir ou fermer les yeux, dormir ou se réveiller, rêver ou ne pas rêver, ce ne sont pas là les termes d'une alternative ou d'une option possible, mais deux manières d'exprimer une même réalité ambiguë qui surgit au moment où elle est énoncée et qui dure tant que dure le langage/l'écriture. Le rêve finit lorsque le narrateur *affirme* que son personnage ne rêve plus. Mais finit-il vraiment ? Le récit finit, lui, quand il n'y a plus de rêves. Ou, pour paraphraser le *Cid* cornélien, le récit cesse faute de rêves. Mais cesse-t-il vraiment ?

Encore faut-il remarquer que le narrateur dévoile lui-même le caractère onirique de son texte, par une stratégie méta-textuelle très complexe allant de la simple désignation[5] à la description du mécanisme qui régit le rêve-texte[6], en passant par des réflexions sur le rapport entre rêve et réalité, de même que sur les clichés culturels à ce propos : « Ion finit par se demander si réellement il l'avait vu, lui avait parlé. J'ai peut-être rêvé ! Tout n'est peut-être qu'un rêve... et il rit tout seul de ce cliché romantique qui restait accroché dans son esprit, à côté d'autres clichés et d'idées reçues auxquels on ne réfléchit pas et que, à partir d'un certain niveau de culture, on n'emploie plus, on serait gêné, tellement on les juge éculés. Mais, pour autant, sont-ils forcément faux ? » (*Hôtel Europa, p.* 243)

Des notations fréquentes renvoient à l'état de veille, au sommeil ou au réveil du narrateur. Celui-ci nous signale à chaque pas qu'il ferme les yeux, qu'il les rouvre (tout simplement ou «brusquement », content de retrouver son univers familier) ou bien qu'il reste « assis les yeux fermés sur sa chaise » ou au bord du lit, tandis qu'il construit le récit dans sa tête. Rien d'anormal en l'occurrence s'il ferme les yeux à Paris pour décrire l'agitation dans les rues de Bucarest en décembre 1989 : « J'éteins la lampe et je me retourne sur le flanc. J'entends des rafales de coups de feu, le hurlement des ambulances et des voitures de la milice... » (*Hôtel Europa*, p. 21-22). Mais il n'y a pas que le narrateur qui rêve. Les personnages, hommes et bêtes, rêvent eux aussi : "Le vieillard dormait et rêvait qu'on lui remettait ses papiers. » ; "Nous traversions un village. Au milieu de la route, un gros chien de berger somnolait, rêveur. » (*Hôtel Europa*, p. 118 et 31) Le narrateur raconte fréquemment des rêves ou des cauchemars, les siens et ceux de ses personnages, construits autour de quelques images-symboles d'un monde inquiétant où les êtres et les choses se métamorphosent sans cesse. Il se crée ainsi un réseau onirique formé d'éléments et de scènes surréalistes, absurdes ou fantastiques, sous la forme d'un rêve-cauchemar à variations : un poisson nageant près d'un train et attrapé par un aigle, un homme attaqué par des oiseaux dont un corbeau grand comme un aigle, une jeune fille morte ressuscitée à la morgue après avoir été violée par un employé, une jeune fille ressuscitée et transformée en sirène, un siamois qui s'étrangle de rire ou exprime ses opinions sur le peuple roumain, un spectacle carnavalesque dans une station de métro où se bousculent pêle-mêle des personnages romanesques, des personnages historiques (de Jeanne d'Arc, Henri IV et Napoléon à Hitler, Staline et Ceausescu) et des créatures fabuleuses, etc. Parmi ces images-symboles obsédantes, celles des oiseaux en particulier (aigles, faucons, corbeaux) déploient un véritable paradigme du mal polymorphe et omniprésent. Il en est ainsi des images de l'aigle attrapant des poissons, attaquant des hommes, rôdant autour des cadavres, exposé dans la vitrine d'une maroquinerie, enfermé dans une cage, transporté dans une gibecière, et dont la présence signifie « mauvais signe

», violence, mort, incertitude («Au-dessus de la forêt plane un aigle, non, ce n'est pas vraiment un aigle...», *Hôtel Europa*, p. 316). Et c'est toujours à travers l'image des oiseaux, entraînés dans une véritable danse macabre, que le narrateur exprime l'angoisse existentielle provoquée par l'instabilité et la déchéance du monde : « Des rêves aussi étranges qu'angoissants me hantent depuis quelque temps, des rêves où les oiseaux perdent leurs couleurs, où des perroquets se transforment en corbeaux ou en merles, où pullulent les chardonnerets gris, les tourterelles noires et les albatros violets. Ils perdent leurs couleurs, leurs plumes tombent en vol, ensuite leur peau et leur chair se dessèchent, se calcinent : j'assiste à un tournoiement de squelettes, un tournoiement de plus en plus bas, de plus en plus rapide, un véritable tourbillon au- dessus de mon lit. Je me réveille. » (*Au pays du Maramures*, p. 75-76)

Structurée comme un grand rêve formé d'une multitude de rêves nocturnes et diurnes, la trilogie est construite selon un scénario dont l'originalité réside entre autres en cela que les éléments oniriques, disséminés tout au long des romans, sont réunis dans des images-synthèses où s'entretissent plusieurs plans, motifs, symboles oniriques récurrents. En réunissant ces éléménts récurrents dans des images-synthèses, le narrateur crée un monde imaginaire très complexe – baroque, pourrait-on dire –, où le rêve est raconté *comme si* c'était la vie et *comme si* sa logique était censée informer le réel. Dans *Hôtel Europa* par exemple, le récit du retour du narrateur dans son appartement parisien est structuré autour du paradigme onirique *montée – descente – cave – métro – eau – poisson – sirène – scaphandrier – arbre – sommeil – réveil*, dont les éléments, autrement combinés, figurent dans maintes autres séquences. Dans l'épisode que nous venons de mentionner, le narrateur rentre à la maison après avoir voyagé en métro, se met à monter les escaliers et s'aperçoit tout à coup qu'il est en train de descendre : « Je suis peut-être à nouveau dans le métro et l'escalator ne marche pas. Il tombe tout le temps en panne. » (p. 69) Il descend longtemps, sous le niveau de la mer et rencontre un scaphandrier qui remonte à la surface en tenant dans ses bras une jeune fille dont le corps se termine en queue de poisson. (« J'en avais déjà vu, des comme ça », commente le narrateur pour marquer la normalité de cette présence insolite dans son univers fictionnel). L'ambiguïté de l'espace est placée, elle aussi, sous le signe de la normalité : «On entendait le grondement du métro, mais je n'en suis pas sûr. Le bruit pouvait fort bien provenir d'un bateau sur le point de lever l'ancre ou même de l'ascenseur, si on l'avait réparé entre temps. » (p. 69) Le narrateur recommence à monter et arrive devant la porte d'Ana Pânzaru, un des personnages bucarestois. Suit la description de sa visite chez Ana, puis le réveil auprès de sa femme à Paris, après s'être couché dans le lit d'Ana à Bucarest : « Lorsque je me réveillais, je vis les branches de l'arbre derrière la fenêtre. Toujours sans feuilles, mais familières, protectrices. Marianne était entrée dans la salle de bains. » (p. 73) La confusion des plans, l'insolite des situations, l'ubiquité des personnages, tout concourt à créer l'image d'une réalité éclatée et ambiguë.

Ainsi, ce monde imaginaire dont l'ubiquité foncière se mesure à l'échelle de tout un continent renvoie, par analogie, à l'instabilité et à l'ambiguïté de l'Europe des années 1990. C'est comme si rester ou partir, aller vers l'Occident ou vers l'Est, être Roumain, Français ou autre, se tourner vers le passé ou s'enliser dans le présent, n'était qu'une seule et même chose. Les personnages-caméléons sont partout, tel le personnage sinistre et diabolique de l'ancien membre de la police secrète roumaine – mafieux – voleur – respectable homme affaires à Strasbourg, à Paris, à Munich, à Moscou. Ou tel le personnage grotesque de la vieille femme à tête de chèvre errant, comme un symbole de la folie de tout un continent, dans les rues de Bucarest et de Budapest, dans les forêts d'Allemagne, dans une station du métro parisien, dans un asile psychiatrique, sous les apparences d'une mendiante, de la femme d'un professeur d'université, d'un agent de l'ancienne police secrète roumaine, voire d'une créature hantant les cauchemars du narrateur et de ses personnages : «Au petit matin, avant de se réveiller, il vit une vieille femme à tête de chèvre (ou bien elle tenait une chèvre en laisse ?) qui s'était mise à genou et lui léchait la figure. Elle avait la langue râpeuse comme un chat. » (*Hôtel Europa*, p. 302)

Cette trilogie de la désillusion et de la démythification n'en est pas moins une oeuvre ludique teintée d'humour et d'ironie, au même titre que les autres romans de Tsepeneag. L'auteur y joue avec les niveaux du récit et les symboles, mêle le sérieux et la dérision, ironise les personnages et les lecteurs. Le résultat est épatant, comme en témoigne la manière magistrale de détourner et de réinvestir sémantiquement les grands symboles du communisme, dont la faucille et le marteau. Renvoyant essentiellement au niveau policier de la fiction (histoire d'un crime caché), les deux objets emblématiques de la société communiste sont utilisés par les personnages comme des armes dans des affrontements violents qui ne sont pas sans rappeler les contradictions et les crimes des régimes totalitaires. Aussi voit-on un peintre roumain assommer un Japonais d'un coup de marteau ou une jeune femme décapiter un homme avec une faucille (*Au pays du Maramures*). Les deux outils mués en armes sont intégrés à ce que l'auteur appelle un « vrai ballet de la faucille et du marteau »[7] dont les scènes représentent le reflet dérisoire des conflits historiques ayant conduit à la compromission et à la mort des régimes totalitaires : une dispute entre amoureux où l'arme est « un couteau recourbé comme une faucille », l'assaut des corbeaux contre le héros qui les tue « en maniant la faucille comme un cimeterre », le tournage d'un film où une femme « tape sur un poêle avec un marteau », un spectacle dans une boîte de nuit à Munich où deux filles défilent avec un drapeau rouge sur lequel sont brodés la faucille et le marteau, ou encore – comble de l'ironie – un hôtel de Moscou dont l'escalier monumental est couvert d'un tapis rouge orné, inévitablement, de faucilles et de marteaux (*Hôtel Europa*). La dérision est d'autant plus efficace qu'elle touche aux symboles obsédants censés définir l'imaginaire même de l'auteur. C'est ainsi que «l'inévitable Aigle symbolique de Tsepeneag »[8] est mis en situation de trôner dans une vitrine parmi d'autres objets exposés, ce qui équivaut à la mise en question (ironique et auto-ironique) de l'univers onirique forgé par le narrateur : « Quelle idée, mettre un aigle dans la vitrine d'une maroquinerie ! Sans doute pour suggérer l'envol, le voyage... L'aigle est-il un oiseau migrateur ? Pas la corneille, c'est sûr. Mais l'aigle non plus. Nous nous emmêlons dans les symboles...» (*Hôtel Europa*, p. 165). Mais il s'agit d'un emmêlement bien contrôlé par l'auteur onirique qui glisse lucidement du rêve à l'écriture et vice-versa, jusqu'à ce que rêve et écriture se confondent pour raconter son voyage hallucinatoire à travers une Europe à la fois réelle et imaginaire : « J'ai poussé un cri et je me suis jeté sur l'aigle. Mes doigts se sont renfermés sur ses plumes, qui ont fait entendre un froissement de papier. Je me suis retrouvé en train de chiffonner furieusement le feuillet en cours de frappe. Je l'ai retiré de la machine et j'en ai fait une boule que j'ai jetée à la corbeille. » (*Hôtel Europa*, p. 366)

Aussi peut-on conclure que la trilogie de Tsepeneag est l'œuvre d'un rêveur pensant et d'un penseur rêvant. Car, pour Tsepeneag, rêver c'est réfléchir et écrire. Rêver un peu ? Ecrire beaucoup? Réfléchir trop ? Au lecteur de le dire.

Notes

[1] Dumitru Tsepeneag, « La tentative onirique après la guerre », in *Les lettres nouvelles*, no. 1, février 1976, p. 187. Les textes théoriques de Tsepeneag ont été repris dans l'Anthologie établie par Corin Braga sous le titre *Leonid Dimov, Dumitru Tsepeneag. Momentul oniric* (Le moment onirique), Bucuresti, Editura Cartea Românească, 1997.

[2] Dumitru Tsepeneag, *Hôtel Europa.* Roman traduit du roumain par Alain Paruit. Paris, P.O.L., 1996, p. 81. Toutes les références renvoient à cette édition.

[3] Dumitru Tsepeneag, *Au pays du Maramures*, Roman traduit du roumain par Alain Paruit. Paris; P.O.L., 2001, p. 144. Toutes les références renvoient à cette édition.

[4] Dumitru Tsepeneag, *Pont des Arts.* Roman traduit du roumain par Alain Paruit. Paris, P.O.L., 1998, p. 43. La mention de Brauner n'est pas aléatoire. Victor Brauner (1903-1966), peintre roumain intégré au mouvement d'avant-garde, s'est établi dans les années 1930 en France où il devenu un des premiers surréalistes. Peintre onirique, notamment dans les *Chimères*, il a créé un univers fabuleux peuplé de personnages, animaux et fleurs étranges.

[5] « La scène qui a lieu dans le rapide Vienne – Munich. Les deux jeunes filles qui boivent du vin rouge. Déviation onirique au sujet du vieillard voyageant dans le même compartiment. » (*Hôtel Europa*, p. 112)

[6] « Comme dans un songe, la voix du narrateur n'est pas localisable, elle donne l'impression de pouvoir jaillir de n'importe où. Irréelle et ubiquiste... Nous avons certes l'impression, de temps à autre, d'entendre la voix des personnages. Mais ce n'est qu'une illusion. » (*Hôtel Europa,* p. 160)

[7] Cf. la lettre particulière de Tsepeneag reproduite par Nicolae Bârna, dans *Tsepeneag. Introducere într-o lume de hârtie* (Introduction à un monde de papier), Bucuresti, Editura Albatros, 1998, p. 228.

[8] Nous empruntons cette expression à Nicolae Bârna, *Dumitru Tsepeneag*, Cluj-Napoca, Biblioteca Apostrof, 2007, p. 228.

IV. A la recherche de l'Europe

Hôtel Europa est un grand roman sur l'Europe post-communiste et postmoderne en quête d'identité, après la fin de la guerre froide et la chute du mur de Berlin. C'est l'histoire d'un écrivain roumain qui vit en solitaire son exil à Paris jusqu'au moment où il décide d'écrire un roman sur la déception de tous ceux qui se sont rués des pays de l'Esr vers l'Ouest à la recherche d'un Paradis mythique . Ce qu'il écrit, c'est le roman d'un double voyage à travers l'Europe fin de siècle où l'Histoire est en train de se défaire pour se structurer autrement. Il y a d'un côté le voyage du narrateur (voire de l'auteur même), écrivain roumain installé en France où ses livres connaissent une audience limitée et où il doit faire face au scepticisme bienveillant d'une épouse française et cartésienne qui s'appelle fatalement Marianne. Il revient en Roumanie en 1990, après la chute de la dictature, avec un convoi des Médecins sans frontières. De l'autre côté il y a le voyage de son personnage Ion, un jeune étudiant en français de Bucarest, qui décide de quitter la Roumanie effervescente des années 1990 et se rendre en France – pays qui continue de symboliser pour les gens des pays de l'Est, bouleversés par des changements dramatiques, une terre ferme, une certitude, un refuge. Ses péripépies loufoques et terrifiantes constituent une sorte d'initiation à la vie d'une Europe dont la folie à la fois carnavalesque et meurtrière l'amène à constater que l'illusion n'était plus possible parce que la réalité était devenu impossible. Il apprend à vivre d'une façon qu'il n'avait jamais soupçonnée auparavant, car il se rend compte que l'important n'est pas d'être libre, c'est « se battre pour l'être », parce que « le chemin de la liberté est plus précieux que la liberté acquise. » (p. 57) Deçu dans sa quête d'une Europe occidentale conforme à son image stéréotypée fondée sur des clichés culturels/livresques, il en fait une sorte de deuil ironique : deuil du mythe et du mirage de l'Occident, un mythe sans cesse évanoui sous l'apparence de toute sorte de simulacres, voire un mirage détruit et reconstruit infiniment sous de nouvelles formes qui s'évanouissent à leur tour. Cela pousse le personnage, engagé sur le chemin de la liberté, à continuer sa quête, car cette nouvelle Europe qui se fait et se défait sous ses yeux ne peut plus être définie à l'aide de concepts ou de clichés préétablis.

C'est que les enjeux du roman ne sont pas exclusivement idéologiques ou politiques. Ou, plus exactement, la question de l'Europe y est envisagée par Tsepeneag dans la perspective d'une esthétique du sublime au sens kantien, comportant à la fois plaisir et peine, et évitant de diminuer la force de l'imaginaire par la subordinnation à quelque concept. Aussi son univers fictionnel rend-il l'image d'une Europe où les hommes, les idées et les cultures se déplacent sans cesse, les oppositions tranchantes tendent à s'effacer, la permanence découvre sa relativité tandis que la pérennité du même et du semblable se découvre être illusoire. Le retour aux sources, la quête de la permanence et la recherche d'une identité immuable représentent pour les personnages du roman autant d'expériences qui débouchent sur la découverte du dissemblable, de l'altérité et de la métamorphose. Et c'est précisément cette connaissance et reconnaissance du multiple et de la différence que Tsepeneag met à la base de la nouvelle construction identitaire dans le contexte d'une Europe en train de repenser ses anciens mythes et ses modèles culturels.

Le double déplacement, celui du narrateur vers l'Est de sa langue maternelle et de sa mémoire et celui de son personnage vers l'Ouest mythique et ses mirages ne se produit pas entre un centre (Paris) et une périphérie (Bucarest), car, dit Tsepeneag, « il n'y a pas que Paris en Europe ». Les voyageurs parcourent un continent qui s'émiette sous leurs yeux et où chaque endroit par où ils passent est un centre. Autant d'endroits, autant de centres sur le trajet de ces picaros fin de siècle : Bucarest, Timisoara, Budapest, Vienne, Munich, Strasbourg, Paris, un petit village de Bretagne. Autrement dit, centre et périphérie ne font qu'un dans un monde où le centre est partout et nulle part. Et où le dépaysement est pareil chez l'écrivain roumain de Paris qui, revenu à Bucarest, trouve une ville méconnaissable, et chez l'étudiant de Bucarest qui, muni d'une vision mythique de l'Occident, s'initie au déclin d'une Europe rongée par les violences xénophobes, les drogues, la mafia.

C'est que l'Europe des immigrants, telle que la décrit Tsepeneag, n'est nullement un hôtel cinq étoiles, mais un hôtel triste et souvent sinistre où se côtoient intellectuels fauchés, aventuries, truands, terroristes, chefs de la mafia, membres des polices secrètes, drogués, prostituées, paumés de toutes les couleurs. Les individus disparaissent et résuscitent sous des identités multiples. On se ressemble mais est-on le même ? C'est sur cette incertitude que l'auteur construit son Europe migrante et carnavalesque, une sorte de « cour des miracles » où l'on trouve pêle-mêle illusions, terreur, petites jouissances, trahisons, absence de sentimentalité, sexualité non brimée, promiscuité et où les destins, les identités, les figures les plus pittoresques et les plus monstrueuses se déplacent, se croisent, se confondent, se séparent dans un mouvement continu, à la fois centrifuge et centripète qui entraîne les personnages, bons ou mauvais sujets de différentes nationalités, sur les routes de l'immigration ou sur celles du retour au pays natal. En tout, une multiplicité de pays, de gens, de langages, de références historiques et culturelles, de mythes en filigrane, de scénarios inventés, dans un texte qui s'écrit et se réécrit, se répète et se met en abîme, en alliant le sérieux, la gravité, la dérision et la farce.

En même temps, le voyage à travers l'Eurpe post-communiste et postmoderne conduit le personnage de Tsepeneag à découvrir simultanément la diversité et la permanence et à les accepter comme faisant partie d'un espace culturel – notamment celui de l'Europe fin de siècle – qui se constitue en essayant d'affirmer la diversité et l'unité des cultures qui le composent. C'est ainsi que Tsepeneag fait découvrir à son personnage « un véritable paysage mioritique » – paysage culturel spécifiquement roumain à valeur géo-stylistique er affective – ni plus ni moins que quelque part entre Strasbourg et Paris : « Il regardait le soleil glisser derrière les collines, réaparraître au fond d'une vallée, disparaître derrière une colline, le revoilà dans une vallée, colline, vallée, colline... Un véritable paysage mioritique, plus mioritique que le paysage roumain, fut-il transylvain. » (p. 360-361). Il y a là, dans ce paradoxe d'un paysage mioritique français plus roumain et mioritique que nature, une représentation de la culture en tant que reconnaissance de l'identité au coeur même de la différence.

Mais le roman insiste surtout sur les difficultés liées à la reconnaissance et l'acceptation de la différemce. Un des aspects les plus intéressants nous paraît être précisément la représentation de l'Europe fin de siècle en tant qu'espace – mosaïque où les cultures et les hommes s'entrecroisent sans cesse et doivent affronter la difficulté de comprendre ou d'accepter l'altérité et la diversité. Il en est ainsi, par exemple, de la perception des Balkans par les Occidentaux : « Il y a un tas de Roumains en Yougoslavie. Mais également des Hongrois, des Tchèques, des Slovaques, des Slovènes, des Turcs, des Bulgares, des Albanais, des Tziganes, des Italiens. Mon énumération semblait étourdir le docteur Gachet, tandis que Roger, le chauffeur, rigolait, je ne sais pas pourquoi. Il trouvait probablement drôle qu'il y ait tant de nationalités en Europe. » (*Hôtel Europa,* p, 36-37) Celle-ci se voit attribuer des connotations négatives dans la mesure où l'attitude à son égard reste marquée par l'incompréhension et le détournement des sens culturels. Tsepeneag cite l'opinion des Français selon laquelle les Roumains sont des « voleurs de grand chemin » et des «bergers nécessairement meurtriers » – allusion à la ballade populaire roumaine *Mioritza (L'Agnelle).* Cette vieille ballade raconte l'histoire d'un berger assassiné par ses deux camarades jaloux de la beauté de ses troupeaux. Quoique informé de l'intention meurtrière de ses camarades par une agnelle, le berger accepte le sort qui l'attend parce que la mort représente à ses yeux un cérémonial grandiose d'épousailles avec le cosmos. Il s'agit là d'un des grands mythes cosmogoniques roumains fondé sur le rapport fataliste au monde qui engendre chez l'homme mythique l'orgueil de la souffrance, la volonté de se maintenir en dehors de l'Histoire, « dans un absolu de sagesse et de résignation ». La réduction de la signification de ce mythe à une histoire de vol et de meurtre témoigne de la difficulté sinon de la mauvaise volonté qui conduit à une perception négative et déformée des différences culturelles.

Cependant, le constat de cette difficulté de comprendre et d'accepter les différences ne conduit pas Tsepeneag à refaire l'ancienne opposition entre le Même et l'Autre. Muni de l'attitude décontractée et ironique propre à l'écrivain postmoderne, il dédramatise les tensions et instaure une sorte d'ambiguïté carnavalesque, en effaçant l'opposition nette entre les bons et les méchants, entre le haut et le bas, et enfin, entre la Vérité (avec majuscule) et les vérités multiples. Qui plus est, Tsepeneag n'a plus à l'égard de la France, de la langue et de la culture française, le « complexe du métèque » qui avait hanté un Emil Cioran par exemple. Bien au contraire, il lance des flèches ironiques en direction des « descendants de Molière », qui « sont portés par la langue » et «parlent comme un livre, surtout quand ils rentrent de Moscou où ils ont beaucoup pidginé le british. » (p. 372).

On peut donc affirmer que *Hôtel Europa* est le roman de la construction d'un espace où les hommes et les cultures s'entrecroisent et s'interrogent les uns les autres en tissant une saga tragi-comique de la « transhumance post-communiste ». Ce faisant, le roman de Tsepeneag contribue non pas à la genèse de ce qu'on aime nommer, en termes postmodernes, une « conscience planétaire », mais plutôt à la création d'une « disposition intime », d'un état psychique antérieur à l'éclosion de cette conscience dont l'avènement est censé se produire au XXI-e siècle. Selon Tsepeneag, il revient à l'écrivain de faire de la diversité le fondement de ce nouvel « état psychique » qui favorise l'acceptation de la différence comme une condition nécessaire à la survie de l'homme et de la culture. Aussi son roman est-il l'histoire d'un voyage au bout de la diversité, là où le voyageur découvre l'unité qui sous-tend la la multiplicité. La diversité, c'est l'Europe de nos jours, celle des hommes, des cultures et des littératures en déplacement. Au niveau de l'écriture romanesque, cette diversité est rendue par la dialectique du réel et de la fiction, qui mêle l'onirisme à l'histoire, les fragments d'articles de journaux sur la guerre de Bosnie ou sur tel autre événement des années 1990 à l'évocation de mythes et de légendes. L'unité de ce monde imaginaire mouvant et divers, est fondée sur une sorte d'égalité, d'équivalence carnavalesque entre les hommes et les cultures. C'est comme si, suggère Tsepeneag, mourir et ressusciter, rester ou partir, monter ou descendre, faire l'ange ou faire la bête, avoir une mémoire ou un avenir, aller vers l'Orient ou vers l'Occident, être Roumain, Français ou simplement Européen, n'était qu'une même et seule chose : à savoir, assumer, pour reprendre la terminologie kantienne, « le plaisir et la peine » provoqués par la difficulté sinon l'impossibilité de faire s'accorder le concept d'Europe avec un espace culturel à la fois un et multiple. Cela signifie faire en même temps la fête et le deuil, comme le Gargantua rabelaisien qui d'un oeil rit et de l'autre pleure.

.Aussi Tsepeneag présente-t-il son Europe migrante dans un contexte nouveau qui met en question l'opposition tranchante – et moderne, pourrait-on ajouter – entre l'identité et l'altérité. En intégrant la problématique identitaire dans le paradigme de la postmodernité, Tsepeneag imagine l'Europe de la dernière décennie du XX-e siècle comme une sorte de « tiers espace » où l'on s'efforce de faire coexister ce que le mur de Berlin, mais la modernité aussi, avait séparé : le Soi et l'Autre, la permanence et le changement, le centre et la périphérie. C'est une coexistence nécessaire et qui reste encore à accomplir, « pour que moins catastrophique et meurtrier soit le heurt des structures mentales aujourd'hui en présence ».[1]

Les *Hôtels Europa*, parsemés dans toutes les villes traversées par les personnages de Tsepeneag, pourraient symboliser en l'occurrence un espace culturel à la fois un et multiple, triste et joyeux, tolérant et intolérant, semblable et divers. En faisant appel à l'intertextualité par de nombreuses allusions, citations, références culturelles, voire par un questionnement à la fois grave et ludique des cultures européennes, l'auteur donne à lire son texte comme une représentation possible d'un espace protéiforme et éclaté en quête d'unité. C'est une image qui correspond à l'Europe fin de siècle, mais en égale mesure à l'Europe telle qu'elle se présente après son entrée dans un nouveau siècle et millénaire.

Note

1 Georges Haldas, *Deux patries, deux visées*, dans *Marges et exils. L'Europe des littératures déplacées,* Bruxelles, Editions Labor, 1987, p. 173.

V. Sous le pont des arts coule le Danube

Sous le Pont des Arts, comme sous le Pont Mirabeau, coule la Seine. Mais les bateaux-mouches ne sont pas toujours ce qu'ils devraient être. Dans le roman *Pont des Arts* de Dumitru Tsepeneag, sous le pont reliant le palais du Louvre au palais de l'Institut, l'imagination de Vasile, un peintre roumain du Maramures, installé à Paris, fait naviguer sur la Seine un vaisseau-fantôme venu d'ailleurs, « rempli de toutes sortes de bêtes étranges » qui rappellent les toiles du peintre roumain Brauner[1]. Qu'un bateau-mouche, emblême de la navigation sur Seine, se métamorphose en un bateau qui semble appartenir à l'imaginaire d'un grand peintre d'origine danubienne n'a rien d'anormal chez un auteur dont les métafictions reflètent son appartenance à un tiers espace situé entre deux cultures, deux langues et deux types d'écriture. Dans *Pont des Arts* l'auteur implicite, écrivain roumain vivant à Paris, se définit notamment – et textuellement – comme « un écrivain [...] oublié sur un pont entre deux pays, deux langues, écartelé... Ni dans mon pays, ni émigré... Ni écrivain onirique, ni écrivain réaliste... Sur un pont...» (p. 308). Un écrivain oublié sur un pont, en l'occurrence le Pont des Arts (le pont et le roman), un « métèque » qui « en France passe pour un Roumain et en Roumanie pour un Français » (p. 55) et dont l'esprit bilingue reste toujours éveillé, même en rêve. Onirisme oblige! Le personnage-narrateur ne résiste pas à la tentation de raconter ses rêves dont celui-ci, engendré par son bilinguisme et le mouvement d'un rat chassé par un chat sur le Pont des Arts :

« Ce mouvement (...) renverse dans mon esprit bilingue le nom du pont et l'annagrammatise vertigineusement, l'espace d'un instant la Coupole traverse le ciel, le Louvre sombre dans la Seine avec tous ses trésors asiatique, les visiteurs hurlent pris de panique, les touristes japonais nagent comme des canards affolés, le tsar de toutes les Russies sort, barbu, des eaux, tandis que les vénérables académiciens, ces stars de la littérature, battent de leurs ailes immortelles. Deçu et contrarié, le siamois miaule comme un malade. Je me réveille. » (p. 14)

Il est intéressant de remarquer que le rêve sert à capter l'image du monde en mouvement reflétée dans le miroir acquatique, là où la terre et le ciel se rencontrent et se confondent. C'est l'image, chère aux poètes baroques français, du *monde qui coule* – un monde réversible où les êtres et les choses changent en permanence et se métamorphosent les uns dans les autre, en favorisant la confusion du réel et de l'iréel. A la métaphore baroque de l'oiseau-poisson correspond dans le roman de Tsepeneag l'image des

Japonais-canards, tandis que le Louvre sombré dans l'eau et la Coupole montée au ciel créent l'image d'un monde onirique et hallucinatoire qui n'est autre que notre monde à l'envers. Gérard Genette observait que la poétique baroque est fondée sur l'impuissance de concevoir l'altérité autrement que sous la forme d'une identité masquée, pervertie : « Toute différence est une ressemblance par surprise, l'Autre est un état paradoxal du Même. »[2] Si l'image onirique du *Pont des Arts* nous a fait penser à la poétique baroque, c'est que l'écrivain oublié sur un pont est en situation de réfléchir sur sa différence afin de se découvrir tel qu'en lui-même dans l'Autre.

Cet écrivain qui se dit « métèque » n'est pas un personnage bizarre par son apparence extérieure. Il n'a pas la « gueule » étrange d'un « juif errant » ou d'un « pâtre grec » comme un Georges Moustaki par exemple. Ce qui fait sa différence, c'est quelque chose qui tient à l'essence même de son être, à savoir le langage. Sa manière de parler, son accent le rendent non seulement différent, mais aussi ignorant sinon bête aux yeux des Français : « Je ne comprends pas pourquoi, parce que j'ai un accent, les gens se figurent que je suis un ignorant. Ou carrément un handicapé. Certains, sans s'en rendre compte, me parlent fort, en détachant bien les syllabes, un peu comme on parle à un gâteux, à un débile mental ou, dans le meilleur des cas, à un enfant. » (p. 88) Considéré différent parce que, en tant que Roumain en France, il ne parle pas « comme tout le monde », l'auteur imagine une revanche mi-sérieuse mi-ironique de la langue roumaine. Tout d'abord, timidement, en donnant l'équivalent roumain de tel mot français : « Je devrais acheter un ordinateur. Un *calculator*, comme on dit en Roumanie. » (p. 76) Ensuite, en mettant ses personnages en situation de prononcer des répliques en roumain au cours des conversations menées en français : « Ces Chinois, décidément ! dit Fuhrmann, en roumain. » (p. 309). Qui plus est, le français Pastenague, auteur du roman *Pigeon vole* et personnage du *Pont des Arts* parle roumain car sa mère était Roumaine, tandis que Marianne, la femme française de l'auteur fait, elle aussi, « des progrès en roumain » (p. 104). Il y a également parmi les personnages une jeune Japonaise qui « aime beaucoup la langue roumaine » (p. 195). En fait, toute occasion est bonne pour parler roumain ou pour parler *du* roumain, même dans une autre langue : «Nous parlons, en français, de la langue roumaine » (p. 196). Où va aboutir ce phénomène de roumanisation placée sous le double signe du sérieux et de l'ironie ? Il va aboutir, sérieusement et ironiquement, à la proclamation de l'universalité de la langue roumaine : «- Vous parlez roumain ? s'émerveilla-t-il [Fuhrmann] en roumain. – Tout le monde parle roumain ! répondit Pastenague, et il désigna le SDF qui s'éloignait en se retournant par moments. » (p. 274) Aussi la menace de la langue unique ne vient-elle pas de l'anglais ou du chinois ! Nous voilà nous autres lecteurs roumains bien rassurés !

Pourtant l'esprit (ironique) de revanche n'occulte pas la visée essentielle de l'auteur bilingue : construire un pont entre son pays d'origine et son pays d'adoption. C'est pourquoi l'image de la Roumanie est omniprésente dans *Pont des Arts*, sous le même signe ambivalent du sérieux et de l'ironie. Il y a d'abord l'image sombre de la Roumanie perçue au niveau historique et politique, telle qu'elle est vue par les Français et par certains Roumains de la diaspora à travers les événements de décembre 1989, les minériades, les élections présidentielles, l'immigration, les faits divers extraits des journaux, le tout grossi par l'image stéréotypée des voleurs et des tziganes ayant envahi l'Europe. Quant à quelques endroits bien connus de Paris, notamment le pont des Arts et le Café du Cluny, l'auteur en fait une sorte de Cour roumaine des Miracles où il côtoie ses personnages dont ceux du roman antérieur, *Hôtel Europa* : un handicapé aveugle dans son fauteuil roulant, des voleurs, des anciens collaborateurs de la Securitate, des journalistes de Free Europe, un boursier Soros, un peintre, un philosophe. Ils s'appellent Gica ou Gigi Kent, Burtica, Spirea,, Laptaru, Rotaru, Hainarosie, etc., et ils se retrouvent sur le pont ou au café pour conclure des affaires, pour parler politique ou tout simplement pour bavarder.

Mais l'image de la Roumanie vue du Pont des Arts ne se réduit pas à un puzzle composé d'éléménts pathétiques ou grotesques. Le roman contient maintes références culturelles qui composent une image de la Roumanie envisagée comme terre des arts. L'auteur cite de grands poètes classiques et modernes tels Eminescu (p. 285), Dimov, Turcea, Mazilescu (p. 198), parle du gai cimetière de Sapanta, unique au monde (p. 43), une jeune Japonaise qui rougit lui rappelle une petite paysanne peinte par Grigorescu, etc. Il y a enfin l'image de la Roumanie telle qu'en elle-même la mémoire de l'auteur la change par ses réminiscences livresques aussi bien que par ses souvenirs d'enfance et surtout de sa jeunesse bucarestoise en compagnie de ses amis du groupe onirique, notamment de Leonid Dimov. C'est cette Roumanie enfouie au plus profond de son moi que l'auteur fait surgir dans un mélange fascinant de confession, de récit réaliste et de rêve (voir l'histoire des coups de fil qu'il reçoit de son ami Dimov mort entre temps). Son souvenir le plus cher est celui de la vie de bohème et d'effervescence créatrice dans le Bucarest des années 1960. En l'évoquant sur les bords de la Seine, beaucoup d'années plus tard, sur un ton mélant nostalgie et ironie, l'auteur semble vouloir construire un espace où il puisse se réfugier pour retrouver/reconstruire une identité perdue, opposée à celle représentée par ses personnages/ ses contemporains qui animent l'image mouvante et bigarée de la Roumanie et de la France romanesques/réelles.[3]

On doit également remarquer que, dans *Pont des Arts* aussi, Tsepeneag reste fidèle à son projet de donner une forme romanesque à sa réflexion sur la littérature. Il s'intéresse surtout cette fois-ci à la relation de l'auteur avec ses personnages et ses lecteurs. *Il* imagine, entre l'auteur et ses personnages, une drôle de relation, amicale et tendue à la fois. Tel personnage fait des commentaires critiques et manifeste son mépris pour l'auteur et son livre, en lui reprochant le manque de sérieux et le trop d'humour. Tel autre lit dans un journal un article sur l'auteur « gratte-papier » dont le nom ne mérite même pas d'être mentionné. Tel autre veut rencontrer l'auteur, tel autre enfin écrit des lettres à son « cher Auteur » pour lui donner de ses nouvelles ou lui demader conseil. Tous ensemble ils tyrannisent l'auteur dont les réactions sont imprévisibles : tantôt il accepte l'idée de dialoguer avec ses personnages comme allant de soi, tantôt il refuse tout contact. Harcelé par ses personnages, l'auteur les harcèle avec une question obsédante : « Dis-moi, combien de pages as-tu lu de mon roman? » (p. 207) et les guette, tel un voyeur, en espérant entendre leur avis sur son livre: «Je commence à me sentir gêné, de trop, dans leur bavardage plein de sous-entendus; [...] car leur attitude signifie que ma place n'est pas là, que je n'ai rien à faire dans leur conversation [...]. Soyons tout à fait sincère : je m'attarde dans le vague espoir qu'elles en viendront à parler de mon roman et que Smaranda exprimera un avis quelconque...» (p. 12). Les avis sont plutôt méprisants à l'adresse du livre et de son auteur. Celui-ci feint la surprise, discute avec ses critiques, défend avec humour son roman qui serait « facile à lire, une lecture agréable » (p. 153) et, en plus, «réaliste», permettant au lecteur d'y reconnaître sa « rue », sa « ville », son «pays », son «continent » et de s'identifier à « tel ou tel personnage ». On reconnaît là une flèche ironique à l'adresse de l'écrivain réaliste et de la littérature qui imite le réel.

Aussi peut-on lire *Pont des Arts* comme étant, entre autres, l'histoire de la lecture d'un roman. Une histoire fatalement ironique et auto-ironique. Le roman-objet de la lecture, c'est *Hôtel Europa*, défini par son auteur comme « un roman en roumain pour les Roumains » (p. 20). Le lecteur implicite c'est Marianne, la femme de l'auteur et un des personnages d'*Hôtel Europa.* Elle en lit la version française et n'hésite pas d'exprimer son opinion très critique sur son propre personnage et sur le livre qu'elle tient pour obscur et ennuyeux. Traduction française, lectrice française au nom emblématique : serait-ce pour marquer le désir de l'auteur-métèque d'être lu et reconnu en France ? Toujours est-il qu'une relation tendue s'instaure entre l'auteur et sa lectrice. L'auteur suit, angoissé, les progrès de la lecture et constate avec amertume que le livre est « de plus en plus abîmé, ce qui signifie que la lecture subit de nombreuses interruptions. Mauvais signe, pour ainsi dire...» (p. 76). Il incite Marianne à lire, la flatte, en fait une lectrice-modèle « profonde » et « exceptionnelle » (p. 79), lui reconnaît même un certain penchant pour la théorie et l'ironie.

Ironique envers son lecteur et envers lui-même, l'auteur mène le jeu qui consiste à remettre sans cesse en question sa relation avec le lecteur jusqu'au divorce annoncé. C'est que, épuisée et dépérissant « à vue d'oeil », la lectrice-modèle abandonne *Hôtel Europa* après avoir constaté que « plus elle lit, moins elle comprend » (p. 183). Son échec est synonyme d'une crise sémantique d'où elle est incapable de sortir : « Si, au début, elle espérait que ce qui n'était pas encore clair le deviendrait peu à peu, par la suite elle a perdu espoir et a même commencé à douter du sens provisoire qu'elle avait réussi tant bien que mal à échafauder autour de l'intrigue narrée jusque-là. » (p. 183) La lectrice exige des réponses aux questions qui l'énervent, elle cherche le Sens et ne se contente pas des petits sens provisoires. Si elle renonce à lire un roman qui alimente ses doutes au lieu de les éliminer, l'auteur parvient, lui, à terminer le roman *Pont des Arts* qu'on est en train de lire et qui inclut le récit de la lecture de son roman précédent.

Tsepeneag, le romancier textualiste et postmoderne, qui n'aime aucune de ces deux étiquettes que nous aimons, nous, lui coller, lance ainsi un nouveau défi au lecteur. Et puisque le lecteur implicite a déserté, c'est le lecteur virtuel qui prend la relève, conscient du fait qu'il doit se débrouiller seul, sans pouvoir compter sur l'aide de l'auteur. Et pour cause : « Il serait inutile de demander des explications à l'auteur... Il est bien le dernier avec qui on puisse parler de son bouquin ! Il prétend, sans vergogne, ne pas en savoir plus [...]. Sinon, il l'aurait mis dans le roman...» (p. 184). Ainsi l'auteur qui se disait abandonné sur un pont abandonne à son tour le lecteur sur un pont. Libre au lecteur de choisir : traverser le pont, aller sur la rive gauche ou sur la rive droite, ou bien rester sur le pont et s'interroger sur le secret de l'auteur aquatique qui se dit bon navigateur sur le cours du temps : « Aujourd'hui, je me laisse aller au gré de l'idée comme j'irais au fil de la rivière, et, l'ayant accepté, je constate non sans surprise que je ne me sens pas si mal que ça, je flotte vers l'aval la tête hors de l'eau. » (p. 81) Quelle eau ? Quelle rivière ? La Seine ? Le Danube ? Nous aimerions croire qu'il s'agit d'une rivière ayant nom *Seine et Danube*, comme la revue publiée par Dumitru Tsepeneag à Paris en vue de réaliser un pont entre les deux cultures auxquelles il appartient.

Notes

[1] Cf. Dumitru Tsepeneag, *Pont des Arts*, p. 43.

[2] Gérard Genette, *L'Univers réversible*, in *Figures*, I, Editions du Seuil, 1966, p. 20.

[3] Il semble que l'autobiographie est présente dans les oeuvres de fiction de maints auteurs francophones. Robert Jouanny constate à ce propos que l'insertion dans une autre culture « incite l'écrivain francophone à accorder une place de choix à son vécu et à celui de ses contemporains, afin de rendre compte des étapes de cette mutation. Rares sont chez lui les oeuvres qui sont de fiction pure ; la tentation est constante de juxtaposer autobiographie et fiction. » (R. Jouanny, *Singularités francophones*, Paris, Presses universitaires de France, 2000, p. 145). Tsepeneag n'en fait pas exception. A cette observation près qu'on peut parler chez lui d'une attitude ambivalente, dans la mesure où la présence d'éléments autobiographiques dans ses récits n'exclut pas l'attitude de rejet, parfois radicale, de ce qu'il appelle, dans *Le mot sablier,* les «cadavres d'images venues d'autre terre ».

Oeuvres citees

Exerciții (Exercices), Bucuresti, EPL, 1966

Frig (Froid), Bucuresti , EPL, 1967

Așteptare (Attente), Bucuresti, Editura Cartea Româneasca, 1972

Exercices d'attente, sélection de récits tirés des trois volumes publiés en Roumanie et traduits du roumain par Alain Paruit, Paris, Editions Flammarion, 1972.

Arpièges, roman rédigé en roumain sous le titre *Zadarnica e arta fugii* et traduit du roumain par Alain Paruit, Paris, Editions Flammarion, 1973.

Les Noces nécessaires, roman traduit du roumain par Alain Paruit, Paris, Editions Flammarion, 1977.

Le mot sablier, roman bilingue (traduction par Alain Paruit des fragments rédigés en roumain), Paris, Editions P.O.L., 1984; ***Cuvântul nisiparniță*** *(Le Mot sablier)*, Bucuresti, Ed. Univers, 1994.

Roman de gare, Paris, Editions P.O.L., 1985.

Pigeon vole, Paris, Editions P.O.L., 1989.

Hôtel Europa, traduit du roumain par Alain Paruit, Paris, Editions P.O.L., 1996.

Pont des Arts, traduit du roumain par Alain Paruit, Paris, Editions P.O.L., 1998.

Au pays du Maramures, traduit du roumain par Alain Paruit, Paris, Editions P.O.L., 2001.

La Belle Roumaine, traduit du roumain par Alain Paruit, Paris, Editions P.O.L., 2006.

Printed by Books on Demand GmbH, Norderstedt / Germany